イラストで読む建築
日本の水族館五十三次

青幻舎

Part1. 東京・千葉・神奈川

01. サンシャイン水族館 … 46
02. すみだ水族館 … 50
03. 葛西臨海水族園 … 52
04. 鴨川シーワールド … 56
05. マクセル アクアパーク品川 … 58
06. しながわ水族館 … 60
07. 横浜・八景島シーパラダイス … 61
08. 新江ノ島水族館 … 62
09. 相模川ふれあい科学館
アクアリウムさがみはら … 66
10. 箱根園水族館 … 67

Part2. 西へ、南へ

11. 伊豆・三津シーパラダイス … 86
12. 東海大学海洋科学博物館 … 88
13. 山梨県立富士湧水の里水族館 … 92
14. ほたるいかミュージアム … 96
15. 魚津水族館 … 98
16. のとじま水族館 … 99
17. 越前松島水族館 … 100 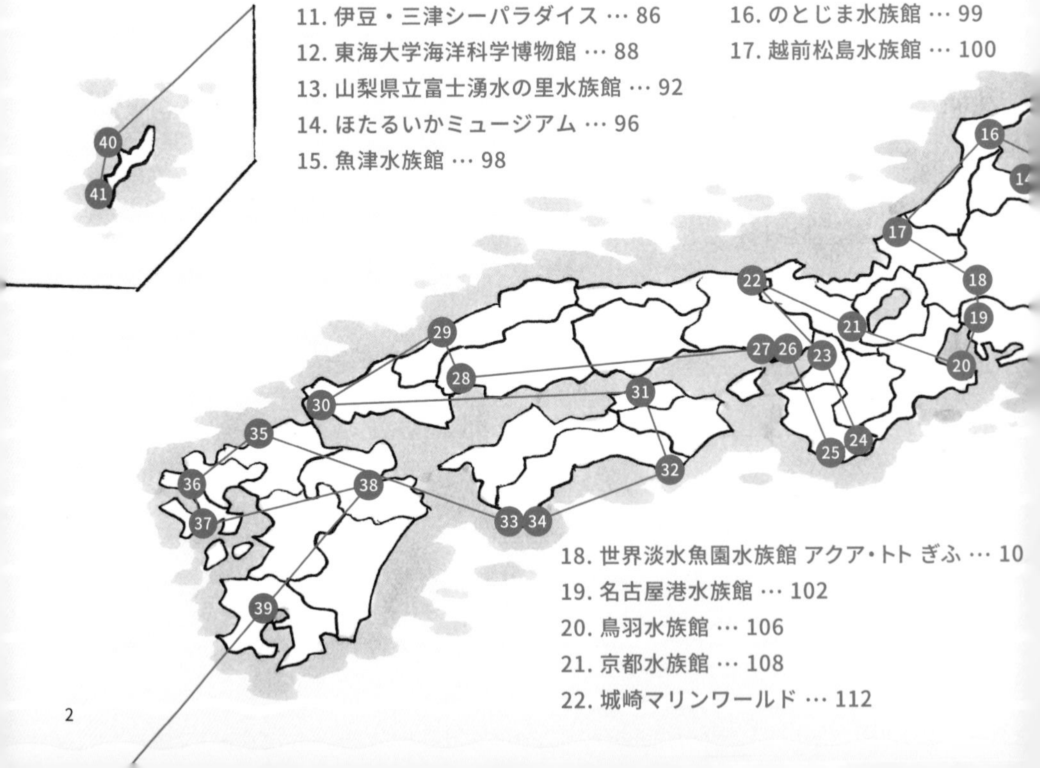
18. 世界淡水魚園水族館 アクア・トト ぎふ … 10
19. 名古屋港水族館 … 102
20. 鳥羽水族館 … 106
21. 京都水族館 … 108
22. 城崎マリンワールド … 112

Part3. 東へ、北へ

42. アクアワールド茨城県大洗水族館 … 172
43. 栃木県なかがわ水遊園おもしろ魚館 … 176
44. アクアマリンふくしま … 178
45. 上越市立水族博物館 うみがたり … 182
46. 仙台うみの杜水族館 … 184
47. 鶴岡市立加茂水族館 … 186
48. 男鹿水族館GAO … 188
49. 青森県営浅虫水族館 … 189
50. おたる水族館 … 190
51. 登別マリンパークニクス … 192
52. 旭川市旭山動物園 … 194
53. 北の大地の水族館（山の水族館）… 198

23. 海遊館 … 116
24. 太地町立くじらの博物館
海洋水族館マリナリュウム … 120
25. 串本海中公園 水族館 … 121
26. AQUARIUM×ART átoa … 122
27. 神戸市立須磨海浜水族園 … 126
28. みやじマリン 宮島水族館 … 127
29. 島根県立しまね海洋館アクアス … 128
30. 下関市立しものせき水族館 海響館 … 130
31. 四国水族館 … 134
32. むろと廃校水族館 … 138
33. 足摺海底館 … 140
34. 足摺海洋館SATOUMI … 142
35. マリンワールド海の中道 … … 144
36. 九十九島水族館海きらら … 148
37. 長崎ペンギン水族館 … 150
38. 大分マリーンパレス水族館
「うみたまご」… 151
39. いおワールドかごしま水族館 … 152
40. 沖縄美ら海水族館 … 154
41. DMMかりゆし水族館 … 158

はじめに

水族館は、大人も子どもも楽しめる「建築」

　大人も子どもも読める「建築」の本がつくれないか――。
生物の専門家ではない筆者が、この本をつくりたいと思った理由はそれに尽きる。
「水族館」は「大人も子どもも楽しめる数少ない建築」である。
試しに、近くに小学生がいたら聞いてみてほしい。
「明日、一緒に出かけるとしたら、図書館、美術館、水族館のどれがいい？」
答えは9割がた「水族館」だろう。
　水族館では、魚だけを見ているわけではない。
生物の展示は常に建築空間や屋外空間と絡み合う。そして、多少声を出しても怒られない。
子どもたちはそこで生物の不思議さに感動するとともに、
それまで見たことのない空間の連なりを感じ、心に刻む。
　幸運なことに、日本は世界でも最高レベルの水族館先進国である。名建築も多い。
しかし、既存の水族館ガイドをめくってみると、
建築やデザインについてはほとんど触れられていない。
ないなら自分でつくろう。全国の主要な水族館を見て回った。
掲載数は53件。実際にはもっと見た。
回ってみると、日本の水族館は全国各地に偏りなく分布しており、
「東海道五十三次」になぞらえて、ひと筆書きになるように掲載した。
　本書を手に取られた方は、お子さんに「こんな本があるよ」と教えてあげてほしい。
イラストページは、極力平易な言葉を使って描いた。
活字ページは大人向きだが、
欄外の「お魚POINT」はお子さんでも読める。
ぜひ、この本を片手に水族館に出かけてほしい。
巻末のスタンプ集印帳は、親子の大切な思い出になるはずだ。

――――　宮沢 洋 ｜ 画文家、編集者

目次

日本の水族館 五十三次MAP 2

はじめに 4

予習1 ［イラスト解剖］ 8
プロに聞きました！
水族館の仕組みと工夫20

予習2 ［歴史をひもとく］ 24
水槽ブームから建築家の時代へ
「建築×水族館」の170年

各施設の紹介文の執筆は、文末に「(M)」とあるものは宮沢洋、「(N)」とあるものは長井美暁による。イラストの執筆はすべて宮沢洋。写真は、特記を除きOffice Bungaの撮影。

Part1. 東京・千葉・神奈川 37

グラビア 38

01 サンシャイン水族館 東京都豊島区 46
進化を続ける初の高層ビル水族館

02 すみだ水族館 東京都墨田区 50
大空間にペンギンから金魚まで

03 葛西臨海水族園 東京都江戸川区 52
埋立地に新たな風景と感動を生む

04 鴨川シーワールド 千葉県鴨川市 56
傾斜を生かしてシャチへと導く

05 マクセル アクアパーク品川
東京都港区 58
エンタメ性を磨く都市型水族館

06 しながわ水族館 東京都品川区 60
増築のアザラシ館も設計に技あり

07 横浜・八景島シーパラダイス 61
神奈川県横浜市金沢区
大水槽を貫く水中エスカレーター

08 新江ノ島水族館 神奈川県藤沢市 62
多様な見せ方でワクワク感が連続

09 相模川ふれあい科学館 66
アクアリウムさがみはら
神奈川県相模原市
長さ40mの円弧状水槽で川を実感

10 箱根園水族館 神奈川県箱根町 67
標高日本一、光差す海水大水槽

コラム 68
ここでしか出会えない！
厳選・ご当地みやげ15

Part2. 西へ、南へ 73

グラビア 74

11 伊豆・三津シーパラダイス 86
静岡県沼津市
自然の入り江を生かす大胆な構成

12 東海大学海洋科学博物館 88
静岡県静岡市清水区
日本で唯一、海の科学をテーマに

13 山梨県立富士湧水の里水族館 92
山梨県忍野村
湧水の“かけ流し”で唯一無二

14 ほたるいかミュージアム 富山県滑川市 96
深層水使い、春には発光ショーも

15 魚津水族館 富山県魚津市 98
初のアクリルトンネルは今も主役

16 のとじま水族館 石川県七尾市 99
地元のジンベエザメを間近で見る

17 越前松島水族館 福井県坂井市 100
60年の歴史と「海面浮遊」を体感

18 世界淡水魚園水族館 アクア・トト ぎふ
岐阜県各務原市 101
長良川を源流から下るように

19 名古屋港水族館 愛知県名古屋市港区 102
国内最大級は見せ方もビッグ

20 鳥羽水族館 三重県鳥羽市 106
なんでもいる百科事典型水族館

21 京都水族館 京都府京都市下京区 108
公園とつながる内陸型水族館

22 城崎マリンワールド 兵庫県豊岡市 112
端正な建物が複雑な海岸と一体化

23 海遊館 大阪府大阪市港区 116
新時代を切り開いたぐるぐる動線

24 太地町立くじらの博物館 海洋水族館
マリナリュウム 和歌山県太地町 120
小型の鯨類に特化した大水槽

25 串本海中公園 水族館 和歌山県串本町 121
海中景観を自然のままの姿で

26 AQUARIUM × ART átoa 122
兵庫県神戸市中央区
デジタル×自然で意外な緩急

27 神戸市立須磨海浜水族園 126
兵庫県神戸市須磨区
水族館と震災の歴史を伝える

28 みやじマリン 宮島水族館 127
広島県廿日市市
旅館と見まがう瓦屋根の水族館

29 島根県立しまね海洋館アクアス 128
島根県浜田市
人気のシロイルカはサメの中

30 下関市立しものせき水族館 海響館 130
山口県下関市
クジラ屋根の下でイルカが舞う

31 四国水族館 香川県宇多津町 134
SNS映えや新発想プールで独自性

32 むろと廃校水族館 高知県室戸市 138
屋外大水槽は25mプールを活用

33 足摺海底館 高知県土佐清水市 140
海中散歩とSF感を楽しむ

34 足摺海洋館 SATOUMI 142
高知県土佐清水市
大水槽の水面が海へと連続

35 マリンワールド海の中道 144
福岡県福岡市東区
白い貝に似た“成長する水族館”

36 九十九島水族館海きらら 148
長崎県佐世保市
自然光差す大水槽はダイバー気分

37 長崎ペンギン水族館 長崎県長崎市 150
長崎伝統のペンギン飼育を継承

38 大分マリーンパレス水族館
「うみたまご」 大分県大分市 151
大水槽に隠された白い海底基地

39 いおワールドかごしま水族館 152
鹿児島県鹿児島市
錦江湾に面した立地を最大活用

40 沖縄美ら海水族館 沖縄県本部町 154
良質な展示空間と飼育環境を両立

41 DMM かりゆし水族館
沖縄県豊見城市 158
多彩な映像表現と演出で新体験

コラム 160
沖縄美ら海水族館・黙認キャラ !?
「リン子どん」を知っていますか

Part3. 東へ、北へ 163

グラビア 164

42 アクアワールド茨城県大洗水族館 172
茨城県大洗町
「サメ×遊環構造」の立体動線

43 栃木県なかがわ水遊園おもしろ魚館 176
栃木県大田原市
ハス池に浮かぶガラス屋根の熱帯

44 アクアマリンふくしま 福島県いわき市 178
震災に耐えたガラス張りの船

45 上越市立水族博物館 うみがたり 182
新潟県上越市
日本海の魅力を大水槽で体感

46 仙台うみの杜水族館 184
宮城県仙台市宮城野区
歴史を継承しつつ復興で新機軸

47 鶴岡市立加茂水族館 山形県鶴岡市 186
クラゲ以外の展示も有機的に連続

48 男鹿水族館 GAO 秋田県男鹿市 188
ホッキョクグマの飼育展示に注力

49 青森県営浅虫水族館 青森県青森市 189
歴史あるイルカプールとトンネル

50 おたる水族館 北海道小樽市 190
「海直結」のおおらかさを満喫

51 登別マリンパークニクス 192
北海道登別市
異国の景色の中で記憶に刻む

52 旭川市旭山動物園 北海道旭川市 194
ペンギンだけでなくカバも飛ぶ

53 北の大地の水族館(山の水族館) 198
北海道北見市
「超ビンボー」の逆境を生かす

おわりに 200

編著者プロフィル 201

水族館スタンプ 集印帳 202

施設名50音索引 206

設計者別索引 207

予習１［イラスト解剖］

プロに聞きました！
水族館の仕組みと工夫20

何も知らずに見ても楽しい水族館ですが、
知っているとより楽しめるあれこれを「予習」として紹介します。
まずは、水族館の企画・設計のプロたちに、
水族館の基本的な仕組みと、設計の工夫について聞きました。
あとはエイ子ちゃん、よろしく！

協力：大成建設 設計本部・ソリューション営業本部・エンジニアリング本部　取材・画文：宮沢 洋

こんにちは。水族館が大・大・大好きなエイ子です！
今日のコスプレはオグロオトメエイです

水族館って、見るのは楽しいけれど、いろいろ不思議なことがありますよね。
あんな大きな水槽どうつくるの？とか、魚をどこから入れるの？とか

今日は、水族館づくりのプロの皆さんがお話を聞かせてくださるということで、取材にやって来ました。
新宿センタービル→

日本各地で、数多くの水族館の設計と施工（工事）も手掛けている大成建設さんです。
エイ子です！
お待ちしていました
TAISEI

ようこそ。
何でも聞いてください。
ちょっと緊張…
はい、では初めに…

Q1. 日本にはなぜ水族館が多いの？

日本は、世界でも水族館が多い国だと聞きました。なぜ水族館が多くなったのですか？

はい、日本には100以上の水族館があって、世界の水族館の1/5が日本にあると言われています。
水族館大国！
設計担当の高橋秀秋さん

理由は大きく3つ考えられます。

1 水族館に適した場所が多い。

海に近い方が水族館がつくりやすい。
老舗（しにせ）の水族館は海沿いに多い。

2 昔から魚を食べてきた。

3 日本の海は豊かである。

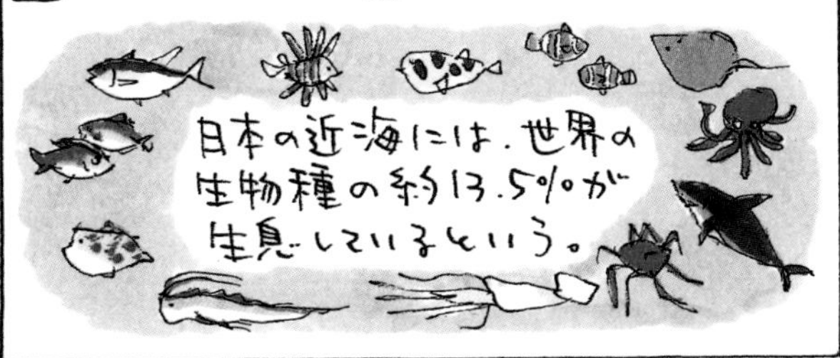

日本の近海には、世界の生物種の約13.5%が生息しているという。

なるほど、日本は島国だから、みんな海や魚が好きなんですね。

Q2. 水族館はどこでもつくれるの？

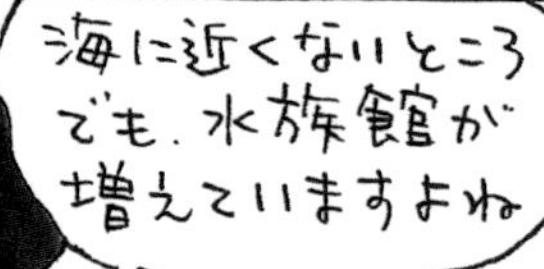

海に近くないところでも、水族館が増えていますよね

水族館の開発に詳しい竹内正信さん→

そうですね。初期の水族館は海の近くにありましたが、近年は内陸やビルの中にある施設も増えています。

大規模ビル内

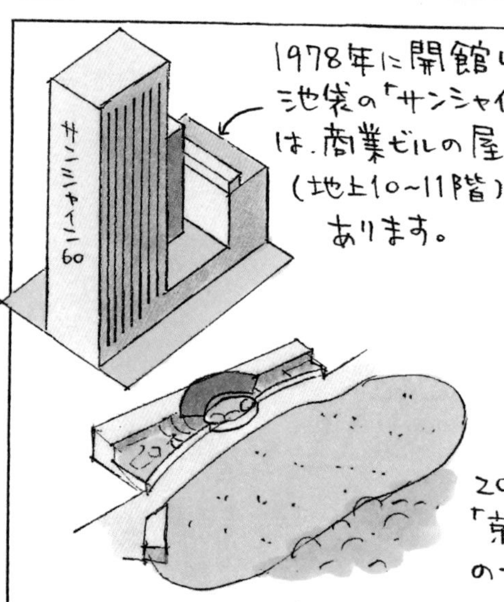

1978年に開館した東京・池袋の「サンシャイン水族館」は、商業ビルの屋上（地上10～11階）にあります。

2012年に開館した「すみだ水族館」は、「東京スカイツリータウン」の5～6階です。

2012年開館の「京都水族館」は「梅小路公園」の一角につくられました。

公園一体型

転用型

2018年に高知県室戸市に誕生した「むろと廃校水族館」は、名前の通り、廃校になった小学校の校舎をコンバージョン（転用）したものです。

技術の進歩で、立地の制約が少なくなり、"水族館が求められる場所"が多様化しています。

古い建物でも水族館がつくれるんですね。学校以外も見てみたいな。

Q3. 水槽の海水は塩を入れてつくるの？

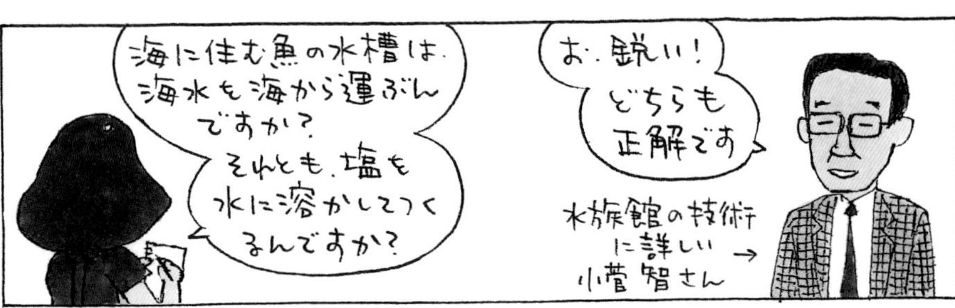

海に住む魚の水槽は、海水を海から運ぶんですか？
それとも、塩を水に溶かしてつくるんですか？
お、鋭い！
どちらも正解です
水族館の技術に詳しい小菅智さん →

実は、海に近い水族館でも、海水がきれいでないと水槽には使えません。

海が近い ≠ 水がきれい

例えば、東京湾に面した「葛西臨海水族園」は八丈沖の「バラスト水」を水槽に使っています。バラスト水というのは、貨物船などが航行時のバランスをとるために船内に貯留する海水です。つまり、捨てられる海水の活用です。

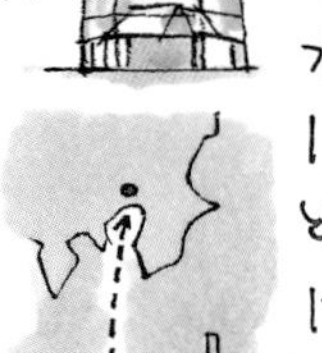

積み荷を下ろすと船が安定しないので、代わりに水を入れる。

近年は、「人工海水技術」が発達しました。これは、塩とミネラル成分を配合した"海水の素"を、上水（水道水）に溶かしたものです。

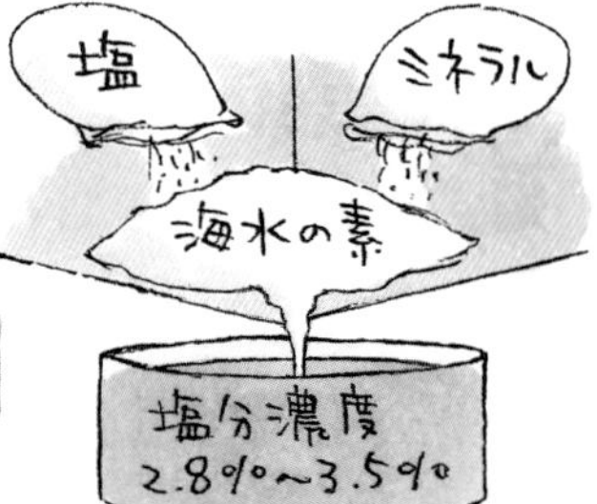

これを正確かつ大量に水に溶かすのは難しいのです。そこで当社は、「人工海水装置」を→開発しました。

2004年に「エプソンアクアパーク品川」（現・マクセル アクアパーク品川）で初めて導入し、以後「すみだ水族館」「京都水族館」「átoa（アトア）」などでも採用しました。

海水を毎日運んでいるなんてびっくり!!
これからは人工海水が増えそう。

Q4. 水族館にはなぜ「ろ過装置」が必要？

本物の海は「ろ過装置」がなくても魚が生きています。なのになぜ水族館は機械でろ過をするんですか

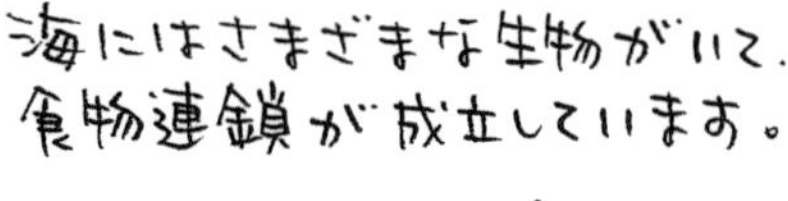

海にはさまざまな生物がいて、食物連鎖が成立しています。

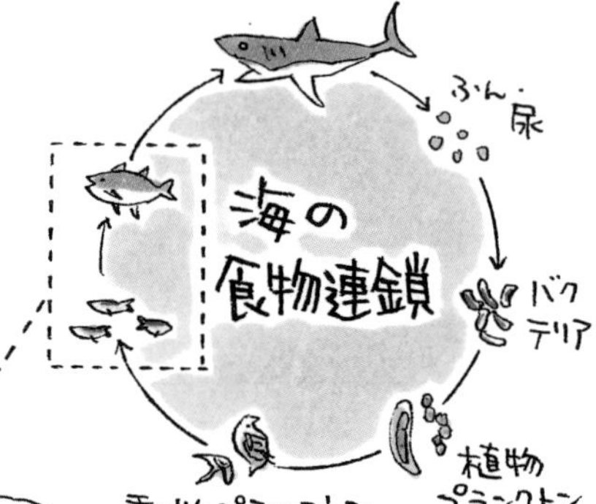

水族館の水槽は、その生態系の一部を再現したものです。

なので、生物のふんなどから発生するアンモニアがバクテリアによって分解されず、そのままにしていると、生物たちは死んでしまいます。

また、ふんや食べカスは、水をにごらせ、水槽内を見えにくくします。

〈自然界のろ過〉

水族館では、自然界のろ過サイクルを機械によって代替することが必要なのです。

水族館の裏側に、工場みたいな大きな機械が見えるのは、そのためなんですね。

Q5.「ろ過」ってどういう仕組みなの？

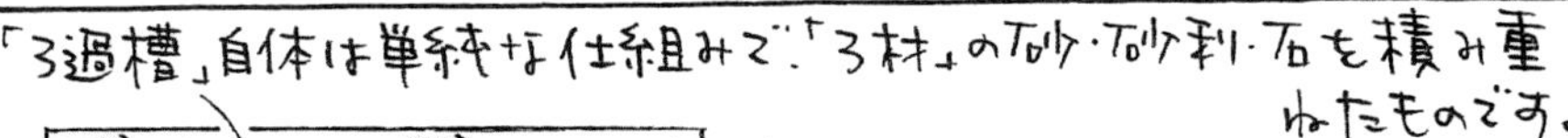

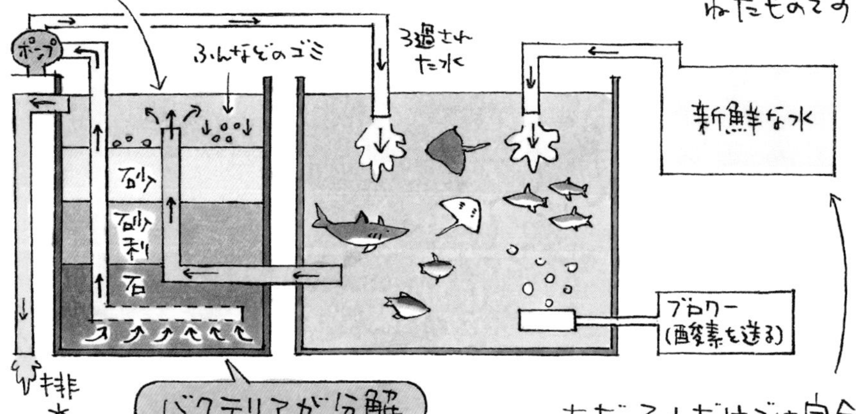

「ろ過槽」自体は単純な仕組みで、「ろ材」の砂・砂利・石を積み重ねたものです。

ふんなどのゴミ
ろ過された水

（酸素を送る）

ゴミは、ろ材でこし取られ、有害なアンモニアは、ろ材の中にいるバクテリアによって分解され、きれいな水になります。

えっ!? そんな原始的な仕組み！

ただ、それだけでは完全ではないので、一方で新鮮な水（運んだ海水や人工海水）を常に加える必要があります。

そして、これらの水を一定の温度にするために熱源装置も必要になります。

Q6. 水族館の建設費って高いの？

なんだか水族館をつくるのってお金がかかりそう….

はい、一般的なオフィスビルやマンションとくらべると、特殊な工事が多いため、工事費は少し高くなります。水槽やアクリルも大がかりな工事になるんですよ。

そうか、水槽も…

Q7. 継ぎ目のない水槽はどうつくる?

まず、水族館の大きな水槽は、ガラスではなく、アクリルなんです。

家庭用の水槽にはガラスも使われます

水族館の大きな水槽はアクリルが一般的

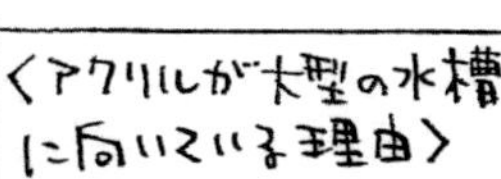

ガラスは、厚みを増していくと、緑色に見えてしまうのです。

〈アクリルが大型の水槽に向いている理由〉

1 厚くしても透明
2 軽い
3 割れる心配がない
4 加工がしやすい

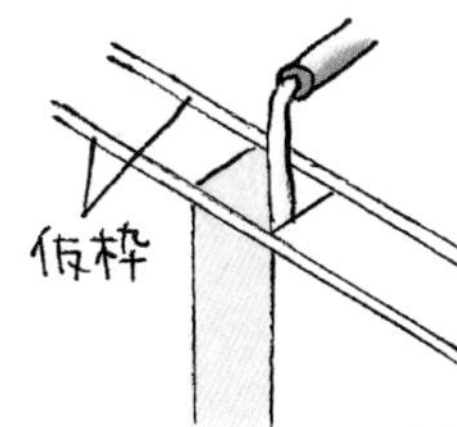

継ぎ目のない大きなアクリル面は、板と板をアクリルシロップ(粘着剤)で接着してつくります。

いかに継ぎ目を見えにくくするかが、工事会社の腕の見せ所です。

アクリル同士はくっつけることができるんですね。継ぎ目を探したくなる!

Q8. 曲面の水槽はどうつくるの？

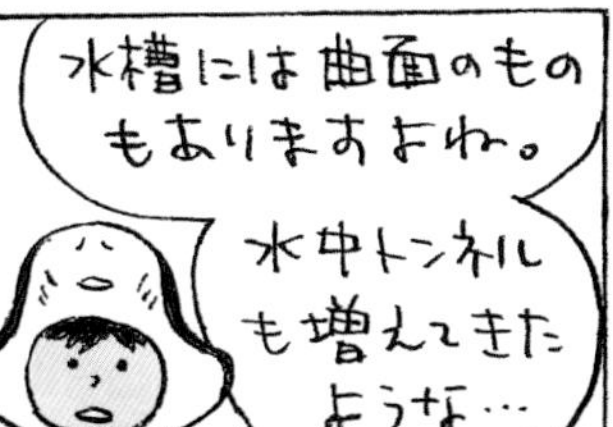

水槽には曲面のものもありますよね。
水中トンネルも増えてきたような…

曲面のアクリル板は、熱したアクリル板を、曲面の型に載せてつくります。

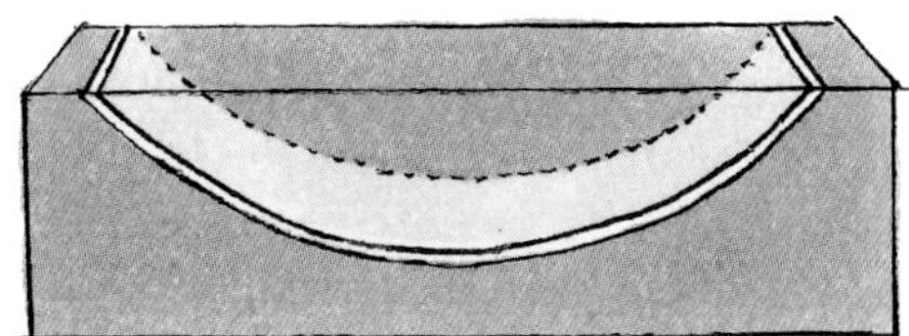

曲面のアクリル板を使って、日本で最初に水中トンネルをつくったのは「魚津水族館」(1981年)でした。

今では球体の水槽もつくれるんですよ。

←「átoa(アトア)」の球体水槽

Q9. 大水槽はつくるのが大変？

大きな水槽ってやっぱりつくるのが大変なんですか？
見るのは楽しいですけど

水槽は、深さが増すほど水圧が大きくなります。横に長いと曲げる力も加わります。ですから、アクリルも厚くなります。

美(ちゅ)ら海は深さ10m！
水量7500t

厚さ60cm！

深さ10m、幅35m、奥行き27mの「沖縄美ら海水族館」の大水槽は、アクリルの厚みが60cmもあるそうです。

トラブルがあったときのリスク分散という点でも小さい水槽の方が安心。なので、大水槽のある施設は限られるのです。

Q10. 大きな魚はどこから水槽に入れるの？

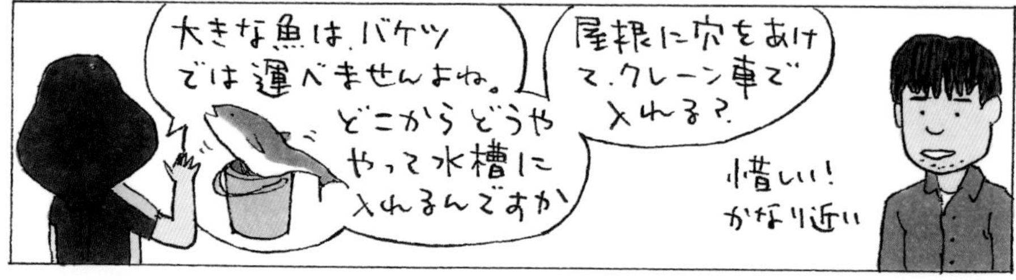

大きな魚は、バケツでは運べませんよね。どこからどうやって水槽に入れるんですか
屋根に穴をあけて、クレーン車で入れる？
惜しい！かなり近い

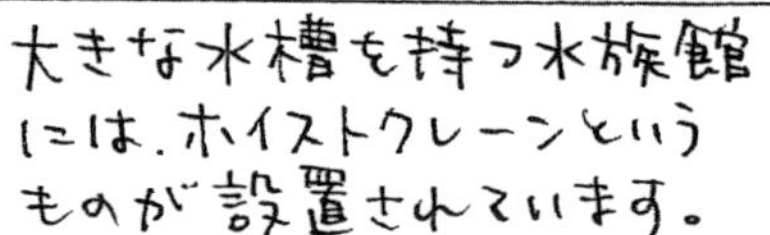

大きな水槽を持つ水族館には、ホイストクレーンというものが設置されています。

この"巨大UFOキャッチャー"のようなものが、水槽の上の見えにくいところにあって、搬入時に活躍します。

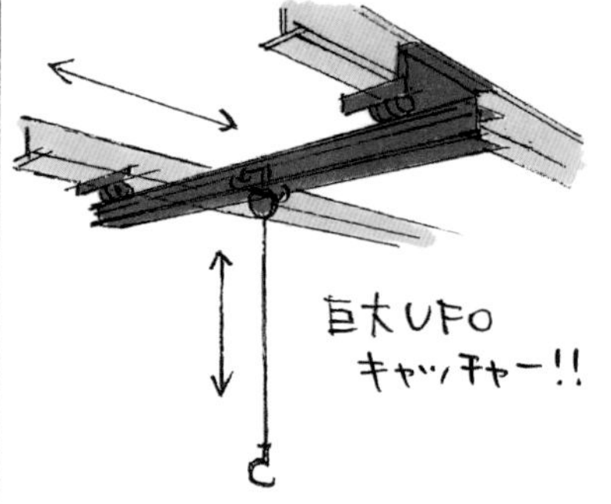

バックヤード

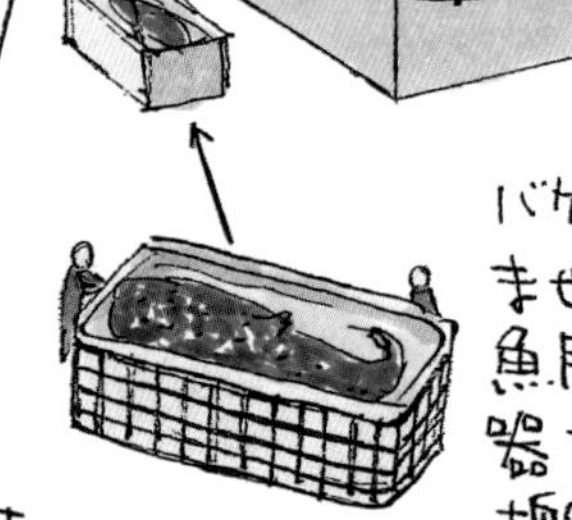

バケツではありませんが、大型魚用の専用容器をつくって搬入します。

つり上げる部分は、通常、建物の裏側にありますが、大阪の「海遊館」では、上部に堂々と設置されていて、それがデザインの一部になっています。

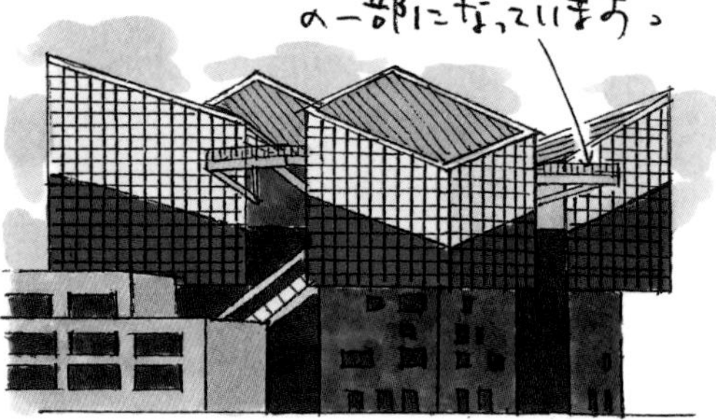

なるほど。バックヤードツアーに参加すれば、そういう仕組みもわかりますね。

Q11. 小さな魚はサメに食べられないの?

小さい魚と同じ水槽にいるサメは、魚を食べない種類のサメなんですか

いいえ、そうとは限りませんよ。

例えば、
見た目「ジョーズ」という印象の「シロワニ」は、人間は襲いませんが、魚は食べます。

そんなシロワニが同じ水槽にいる魚を食べないのは、十分にエサを与えているため。

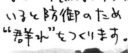

（お腹いっぱい）

だからです。

（無駄には食べないよ）

でも、全く食べないわけではなく、食べられてしまった分は補充されています。

そうするのには理由があって、イワシなどの小魚は、サメがいると防御のため“群れ”をつくります。

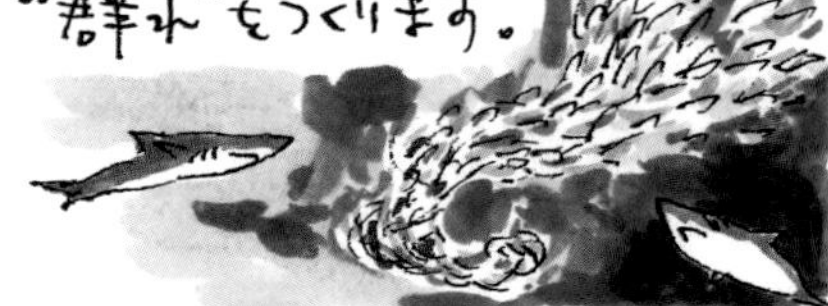

それによって、自然に近い状態が見られるのです。

Q12. 水槽に自然光を入れるのは難しい?

水族館の水槽は人工照明が多いですよね。自然光を入れるのは難しいんですか

人工照明の水槽が多いのは、自然光だと藻が発生しやすいからです。演出のしやすさもあります。でも、近年は自然光も入れる水槽も増えていますよ。

マクセルアクアパーク品川の海中トンネル →

Q13. 大水槽の汚れはどう掃除する？

大きな水槽の汚れはどうやって掃除するんですか？
水を抜いて掃除するのは大変ですよね。
そうですね。水を抜くのはごくまれです。

基本は、ダイバーが水に入って掃除します。アクリルの表面に付着した藻などをふき取ります。

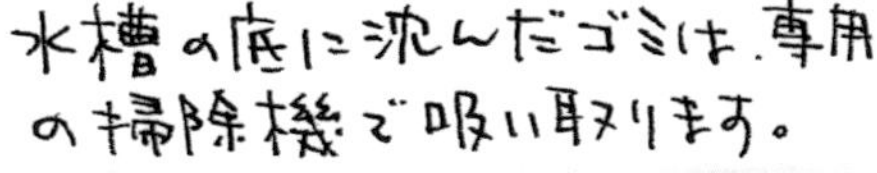

水槽の底に沈んだゴミは、専用の掃除機で吸い取ります。

ホースの先はサイクロン→分離機

設計面の工夫では、ろ過機への水の吸い込み口（釜場）を、できるだけゴミが集まりやすく、かつ、来館者から見えにくい位置に設置します。

そして、Q3で説明した「人工海水」を使うと、藻の発生が抑えられ、掃除の負担が減ります。

ダイバーさんの頑張りと、設計の工夫によって、透明感のある水槽が維持されているのです。

ろ過装置だけで水がきれいになるわけではないんですね。最後は人！

Q14. 展示する生物はどう決める？

すべての水族館が同じになってしまったらつまらないですから、その施設の売りになる生物を、みんなで話し合って決めます。

「京都水族館」の場合は、西日本にしか生息していない「オオサンショウウオ」をメイン展示の1つにしようと決めました。

京都の鴨川上流にも生息しています。

入口の近くに「京の川」というエリアを設けて、たくさんのオオサンショウウオを展示しました。

どの水族館でも、最初のエリアに何を展示するかに、設計チームのこだわりが表れるので、注目して見てください。

空間を魅力的に見せるという意味では、優雅に泳ぐエイや群れで泳ぐイワシは、設計者として入れたくなりますね。

わっ、エイを入れたくなるなんてうれしい！イワシも見ていて飽きないですよね。

Q15. 設計は何から？／Q16. 形の発想は？

設計者によって違うとは思いますが、私の場合は"物語"を重視します。

「京都水族館」では、「京の川」から始まって、「京の海」「京の里山」と展開する物語を伝えやすい配置をまず考えました。

川
海
里山

水族館の配置計画には、大きく3つのタイプがあります。

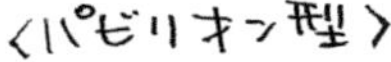

<ぶどう型>

<ひと筆書き型>

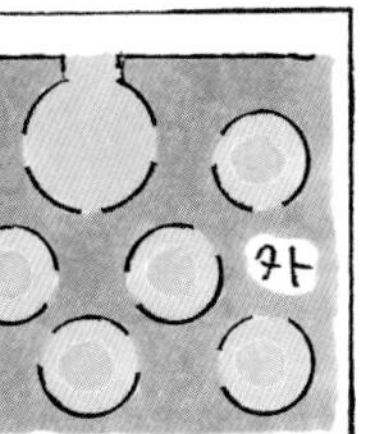

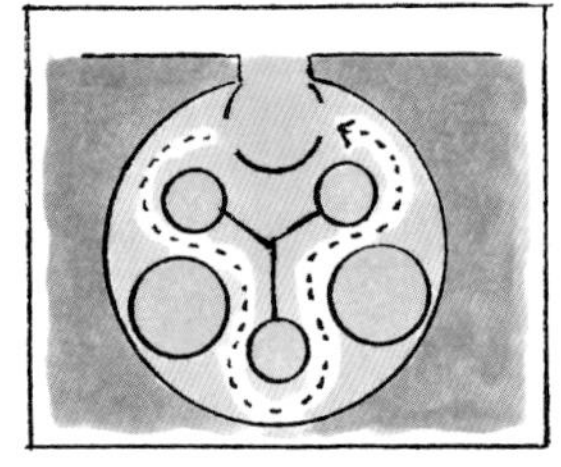

自由動線

強制動線

敷地が細長い京都水族館では、ひと筆書き型を軸として、そこにショートカットのルートを加えて施設を構成しました。

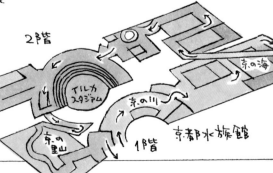

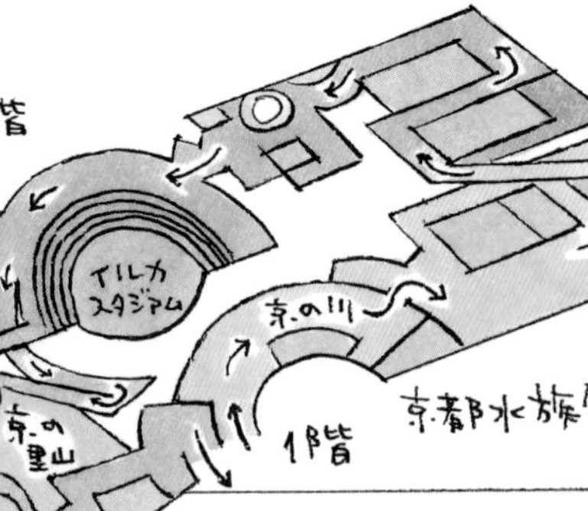

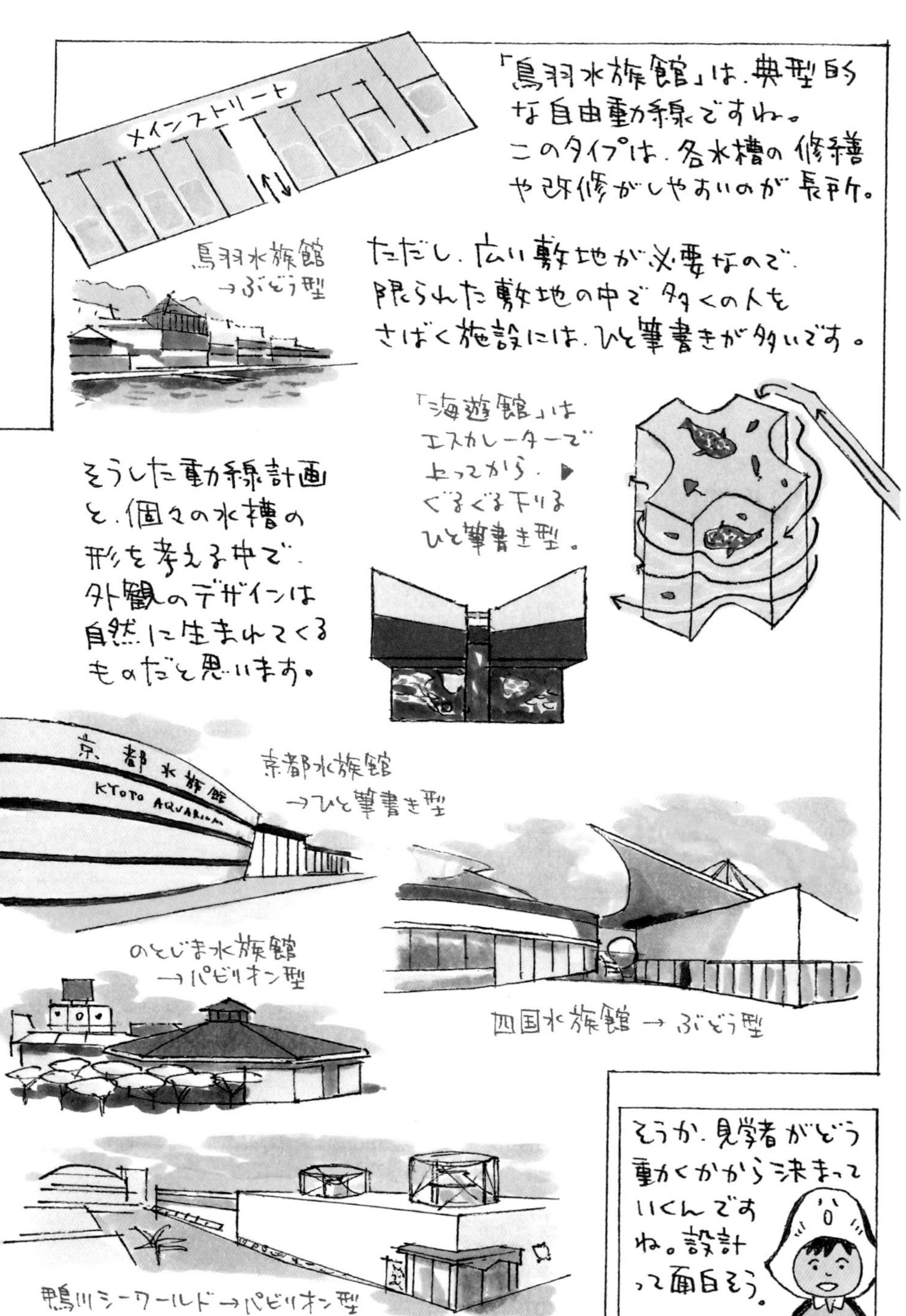

メインストリート
「鳥羽水族館」は、典型的な自由動線ですね。
このタイプは、各水槽の修繕や改修がしやすいのが長所。
鳥羽水族館
→ぶどう型
ただし、広い敷地が必要なので、限られた敷地の中で多くの人をさばく施設には、ひと筆書きが多いです。
「海遊館」はエスカレーターで上ってから、ぐるぐる下りるひと筆書き型。
そうした動線計画と、個々の水槽の形を考える中で、外観のデザインは自然に生まれてくるものだと思います。
京都水族館
KYOTO AQUARIUM
京都水族館
→ひと筆書き型
のとじま水族館
→パビリオン型
四国水族館 → ぶどう型
鴨川シーワールド→パビリオン型
そうか、見学者がどう動くかから決まっていくんですね。設計って面白そう。

Q17. 水族館の省エネは進化している？

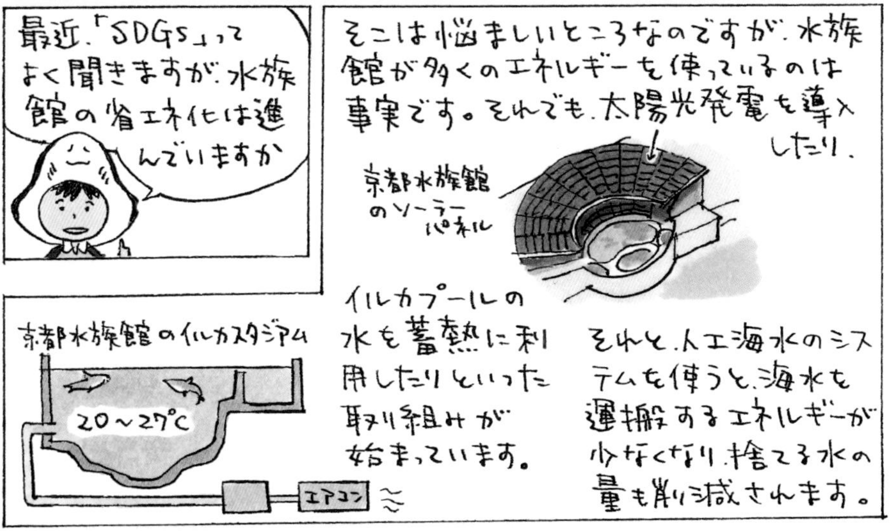

最近、「SDGs」ってよく聞きますが、水族館の省エネ化は進んでいますか

そこは悩ましいところなのですが、水族館が多くのエネルギーを使っているのは事実です。それでも、太陽光発電を導入したり、

京都水族館のソーラーパネル

京都水族館のイルカスタジアム

20～27℃

エアコン

イルカプールの水を蓄熱に利用したりといった取り組みが始まっています。

それと、人工海水のシステムを使うと、海水を運搬するエネルギーが少なくなり、捨てる水の量も削減されます。

Q18. 水族館は普通の建物より短寿命？

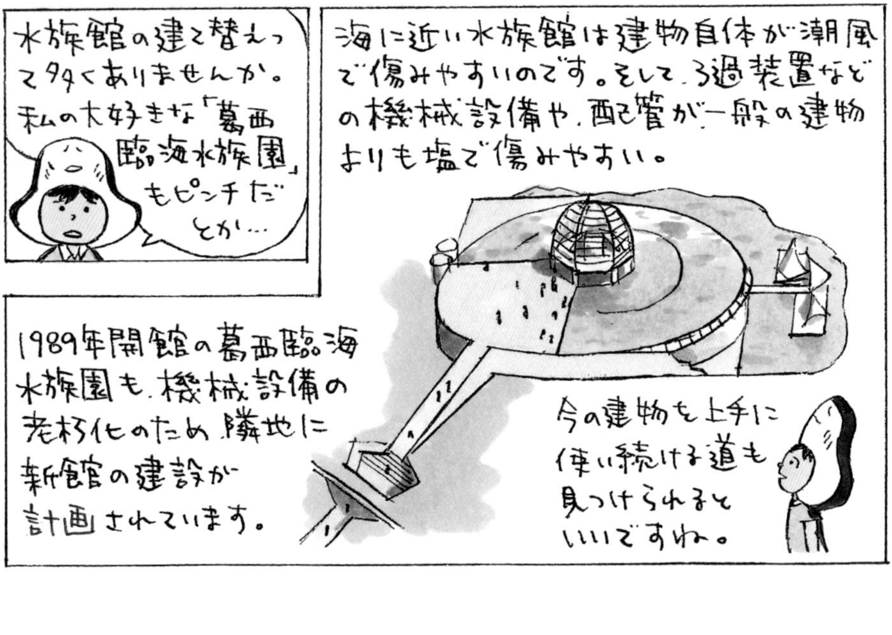

水族館の建て替えって多くありませんか。私の大好きな「葛西臨海水族園」もピンチだとか…

海に近い水族館は建物自体が潮風で傷みやすいのです。そして、ろ過装置などの機械設備や、配管が一般の建物よりも塩で傷みやすい。

1989年開館の葛西臨海水族園も、機械設備の老朽化のため、隣地に新館の建設が計画されています。

今の建物を上手に使い続ける道も見つけられるといいですね。

Q19. 水族館ってもうかるんですか?

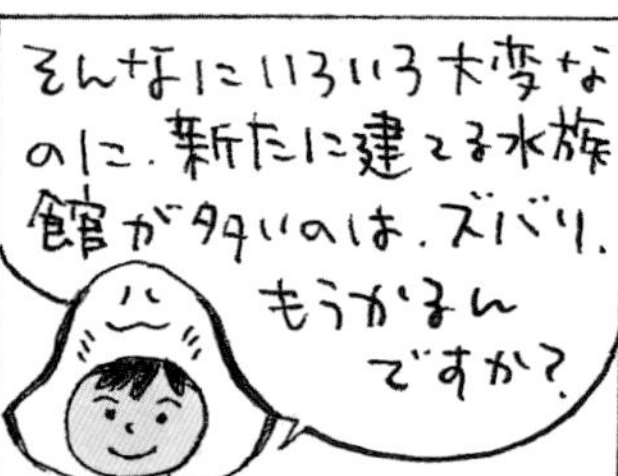

そんなにいろいろ大変なのに、新たに建てる水族館が多いのは、ズバリ、もうかるんですか?

必ずうまくいくとは言えませんが、経営が安定しやすい要因はあります。

1 天気にあまり左右されない。

2 入館料が2000円を超える施設が多い。

3 お土産も買う人が多い。

Q20. 「いつかつくりたい水族館」を教えて!

設計者として、いつかつくってみたい水族館はどんなものですか?

そうですね、例えば、海が見えるところで、海と一体になったように感じられる水族館とか。

生物ごとに区切っていないように見える水族館とか……

いつかつくってみたいですね。

うわ、見てみたい!

今日はありがとうございました!

水槽ブームから建築家の時代へ

「建築×水族館」の170年

**水族館っていつからあるの? その建築空間はどう進化してきたの?
「予習」の2つ目は、水族館の歴史について。
海外や日本で水族館の発展に影響を与えた出来事を、
さまざまな文献を調べてまとめました。**

文：磯 達雄

それは“アクアリウム”から始まった

水族館のことを英語でアクアリウムという。一方でアクアリウムは、魚を飼う水槽のことも意味している。水族館という施設ができる前、まずは水槽で海の生物を飼うことがブームになる。その時に生まれたのが、アクアリウムという言葉だった。

水槽で魚を飼うことであれば、例えば中国では金魚が10世紀には既に広く飼われていたし、日本でも江戸時代には大流行している。ヨーロッパへも輸出され、18世紀にはかなり広まっていたという。

しかし、魚を長期間、陸上で生育させることは難しかった。海洋生物を観察するために、科学者たちは水槽の中でどうすれば生かしておくことができるのかを盛んに研究する。これに成功したひとりが英国の科学者、ロバート・ウォリントンで、1849年、52リットルの水槽で、泥、石、水草、タニシなどを一緒に入れることにより、酸素と二酸化炭素のバランスが取れ、食料のサイクルも完結した生態系（エコシステム）を生み出せることを発見して報告する。

続いて同じく英国のフィリップ・ヘンリー・ゴスは、1854年、『アクアリウム　明らかになった深海の神秘』を出版し、水槽で海洋生物を飼育する方法を伝えた。彼こそが、アクアリウムという言葉の生みの親である。この本は、一般の家庭でも水槽で水生生物を飼うようになるほど、大きな影響力を持った。流行は、フランス、ドイツ、米国へと広まっていく。そして遠く離れた国から運ばれる珍しい魚の入手が、マニアたちの間で競われるようにもなった。

ベアント・ブルンナーは著書『水族館の歴史』で、19世紀の“アクアリウム”のブームには、背景として材料であるガラスの普及があったと指摘している。美しい海洋生物を鑑賞するには、透明な容器が欠かせない。これを実現するガラスが、この時代になって工場で大量生産されるようになり、価格も下がったのである。同時代の英国では、キューガーデンのパームハウス（1848年）や、万国博覧会の会場として建てられたクリスタル・パレス（1851年）といった、ガラス張りの革新的な大空間の建築が実現しているが、これらと共通する技術的な基盤の上に、“アクアリウム”も発展していったといえる。

1882年、上野動物園内に開業した日本初の水族館「観魚室（うをのぞき）」はトンネルのような形を採っていた。井上安治が描いた「東京真画名所図解」より

最初の水族館はロンドンで

個人で楽しまれていた“アクアリウム”が大型化し、広く公開されるようになると、いよいよ水族館となる。ブルンナーが世界で最初の水族館として挙げるのは、ロンドンのリージェンツ・パーク内で動物園に隣接して設けられたものである。1853年の開業。鉄骨造でガラス張りの空間に、たくさんの水槽が並べられていたという。

間をおかずに1856年、米国のニューヨークでは、あやしげな見せ物で名を馳せていた興行師、P・T・バーナムが“アクアリウム”を始める。ここでは魚だけでなく、猿の上半身の剥製に魚の下半身をくっつけたものを“本物の人魚”として展示していた。

その後も続々と、世界の各都市に水族館がオープンする。1859年にボストンのアクエリアル・ガーデンズ、1860年にパリのジャルダン・ダクリマタシオン、1865年にハンブルク、1867年にベルリン、1876年にニューヨーク、1872年にブライトン、などといった具合である。これらの中には、ヨーロッパの庭園で設けられた洞窟状の場所“グロッタ”をまねて、薄暗い内部空間から自然光で照らされた明るい水槽を眺めて楽しむなど、光の演出も採り入れられるようになっていった。

日本では“うをのぞき”として出発

そうした中で1882年、ついに日本にも水族館が登場する（上の図）。世界初の水族館はロンドンの動物園に隣接して設けられたものだったが、日本初の水族館も東京の恩賜上野動物園に併設されたものだった。施設は簡易なもので、一直線の通路のような空間の片側に10個の水槽が並んでいた。飼われていたのも、フナやヒゴイといった淡水魚と、カメやイモリだったという。名称も水族館ではなく、「観魚室（うをのぞき）」という名前だった。

その3年後、東京の浅草にも水族館がオープンする。数十個の水槽を岩の間に向かい合わせで置いたほか、有名な鏝（こて）絵作家の伊豆長八による彫刻が建物を華やかに飾っていたらしい。漆喰（しっくい）でかたどられたクジラや弁財天は見事だったと伝わっている。

竜宮城のイメージ

日本における本格的な水族館の始まりとされるのが、1897年、第2回水産博覧会の展示施設として設けられた水族館だ（下の模型と図）。神戸市和田岬の和楽園に建てられたので、和田岬水族館、和楽園水族館、神戸水族館などの呼び名がある。展示は2個のジオラマと29個の水槽からなり、そのうち海水用が20個、淡水用が9個だった。建物は木造で、2つの塔にはタマネギ形のドーム屋根が載っている。完成当時の文書では、建築様式を「インド式」と分類していた。この水族館は博覧会終了後もすぐには閉じず、約8年の間、営業を続けた。これは今の神戸市立須磨海浜水族園（126ページ）の前身とされる。

同じく博覧会で建てられたのが、1903年の第5回内国勧業博覧会の会場に建てられた堺水族館である。木造2階建てで和洋折衷のデザインだった。当時の写真を見ると屋根にはシャチホコが載っている（右ページの写真）。内部には29個の水槽と放養池を備えていた。博覧会終了後は堺市に払い下げられて、営業が続けられたが、1934年の室戸台風で大きな被害を受け、さらに修繕中の火事で全焼してしまう。1937年に再建されるが、建て替えられた建物は古典主義を抽象化して貼り付けたような列柱のファサードを持っていた。この水族館は1961年まで続いた。

和田岬水族館と堺水族館は、ともに帝国大学の動物学教授だった飯島魁（いいじまいさお）が水族館に関わる特殊な諸設備の設計を担当している。飯島は、後述の三崎臨海実験所でも継続して施設計画に携わっており、「我が

1897年に開業した和田岬水族館（別名：和楽園水族館、神戸水族館）の模型。神戸市立須磨海浜水族園で展示されていたもの。設計：文部省（久留正道）

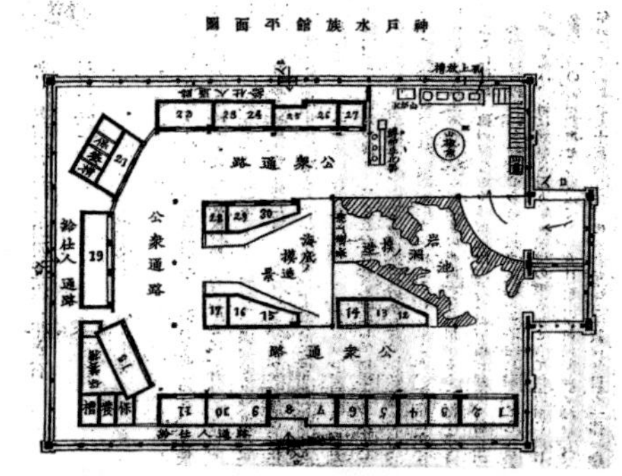

和田岬水族館の平面図。田村鎮の論文より（『建築雑誌』1905年9月号）

1903年の内国勧業博覧会会場に建てられた堺水族館。設計：文部省（久留正道）。絵葉書から（絵葉書資料館蔵）

国における水族館の父」と評されることもある。

一方、この2つの水族館で建築の面で設計を担ったのは、文部省の技師だった久留正道である。久留はほかに、東京音楽学校（現・東京藝術大学）の奏楽堂や、帝国図書館（現・国立国会図書館国際子ども図書館）を設計した。国家的建築も任される重要な建築家が、水族館の設計にも関わっていたことがわかる。建て替え後の堺水族館は、長谷部竹腰建築事務所（後の日建設計）の設計による。

なお、溝井裕一『水族館の文化史』では、和田岬水族館のインド風の塔や、堺水族館にあった乙姫の姿をした噴水塔に注目している。これに浅草水族館に弁財天の鏝絵があったことも合わせて、日本の水族館には浦島太郎の物語に出てくるエキゾチックな竜宮城のイメージが投影されている、というのだ。加えて、ヨーロッパの水族館はジュール・ヴェルヌ『海底二万里』がイメージの素となっている、とも。なるほど、と思わせる指摘である。

研究施設としての水族館

建築の専門家が水族館についてまとめた文章として、最も初期のものと考えられるのは建築学会が発行している『建築雑誌』の1905年7月号と9月号に載った、田村鎮によるものである。田村は陸軍省で技師を務めた建築家だが、この文章は東京帝国大学建築学科を卒業する際に行った卒業設計作品に併せて執筆されたものだという。

この中で田村は、水族館の建て方や設備を解説し、海外の水族館事例について図面を付して紹介している。そして水族館の種類を「学術研究を目的となすもの」、「縦覧を目的となすもの」、「学術研究及び縦覧を兼ぬるもの」の

東北帝国大学　浅虫臨海実験所、竣工：1924年、設計：東北帝国大学（小倉強）。絵葉書から

3つに分けている。1つ目は専門家のための研究施設であり、2つ目は一般の見物客のための娯楽施設である、と言い換えられるだろう。そして実際は、両者の性格を合わせて備えた3つ目のタイプが多い、としている。

これまでに挙げた水族館は2つ目か3つ目、つまりどちらかといえば娯楽施設の性格が強い施設だったと考えられる。1つ目の、研究施設としての水族館は、海外だと例えば1873年に完成した、イタリアのナポリ臨海実験所があった。ここには標本、実験道具、関連書籍などが揃い、研究者が集う一方で、運営費の足しにするため施設を一般にも公開していた。

同様の研究施設的水族館は日本でも建てられている。その最初は、東京帝国大学の三崎臨海実験所だ。場所は神奈川県三浦郡の三崎（三浦市三崎町）で、1887年に竣工している。建物は2階建てで、下見板張りの洋風木造建築だった。長さ5尺、幅4尺、高さ5尺の大型水槽はセメント製で両面にガラス窓が付いていたという。

施設の計画を担ったのは、初代所長も務めた箕作佳吉（みつくりかきち）だ。帝国大学の動物学教授で、ナポリ臨海実験所も見学している。ちなみに、ル・コルビュジエの下で修行して、アテネ・フランセや大学セミナー・ハウスなどを設計した建築家の吉阪隆正は箕作佳吉の孫にあたる。水族館以外でも日本建築界と縁を持っている人物である。彼の指導に従って、建物の設計を担当したのは、文部省に属する山口半六と小島憲之であったとされる。

この施設は長続きせず、1897年に三浦郡小網代に移転している。前の建物を移築したほか、新たな棟も建てた。この時の建築設計は、

北海道帝國大學理學部附屬
厚岸臨海實驗所

北海道大学　厚岸臨海実験所、竣工：1931年、設計：北海道大学営繕課（萩原惇正、岡田鴻記）。絵葉書から

和田岬水族館などと同じく文部省の久留正道が担当している。

モダニズムのデザイン

東京帝国大学理学部の三崎臨海実験所に続いて、京都帝国大学、九州大学などが日本の各地に研究施設としての水族館をつくっていく。そのうち、建築として特に目を引くものを紹介しておこう。

東北帝国大学の浅虫臨海実験所は、1924年に竣工した（左ページの写真）。場所は現在の青森市浅虫で、ここでは研究を行う実験室とは建物を別に分けて、水族館を建てている。これにより、研究活動を邪魔されることなく、一般の来訪者に水族館を公開することができるようになった。研究施設としての水族館と、娯楽・教育施設としての水族館を併立させたわけである。この水族館が、今の青森県営浅虫水族館（189ページ）の前身とされる。

建物の設計は、東北帝国大学の技師だった小倉強が担当。小倉は1922年に開催された平和記念東京博覧会で工営課技術員を務めていた。この博覧会は、当時の前衛的建築運動だった分離派のメンバーである堀口捨己、瀧澤眞弓、蔵田周忠が参画し、斬新な表現主義の建物を設計したことで、建築史に名を残している。浅虫臨海実験所の幾何学的なアーチを組み合わせたデザインは、分離派建築から影響を受けたものなのかもしれない。

1931年には北海道大学の厚岸臨海実験所が完成した（上の写真）。場所は現在の北海道東部の厚岸町。建物は鉄筋コンクリート造3階建てで、円形平面の水族室と標本室の形が外

東京帝国大学　三崎臨海実験所、竣工：1932年、設計：東京帝国大学営繕課（清水幸重、桑田貞一郎）。絵葉書から

観にもそのまま表れているところに特徴がある。すぐれたモダニズムのデザインで、日本のモダニズム建築の記録と保存に取り組む組織、ドコモモ・ジャパンのリストにも挙げられている。

建物の設計は、北海道大学営繕課の萩原惇正と岡田鴻記があたった。萩原は北海道庁立図書館（現・北菓楼札幌本館）や北海道大学理学部本館（現・北海道大学総合博物館）を設計した建築家である。この建物は、戦前に建てられた水族館建築として唯一、現存する。水族館としての公開は1996年に終えたが、大学の研究施設としては現在も使用されている。

久米権九郎や内田祥三も設計

東京帝国大学では農学部も1936年に、愛知県知多市で水産実験所を建設。ここには新舞子水族館が付属していた。鉄筋コンクリート造の2階建てで、十字形をした平面の交差部に円形の放魚池を設け、四方に延びる各翼の壁側に水槽を設置していた。展示用水槽の数は、海水魚観覧室に39個、淡水魚観覧室に12個、発光魚室に3個など。この建物を紹介した建築専門誌（『新建築』1936年8月号）には、「大きさにおいても、設備の点においても東洋一であり、世界では第五に位するものである」と記されている。

外観は白いセメント吹き付けで、金茶色のタイルをところどころにあしらっている。モダニズムのデザインだ。設計者は久米権九郎。日光金谷ホテルや軽井沢万平ホテルの設計で知られる建築家で、独自の耐震木骨構造も開発した。新舞子水族館でも研究室や事務室の棟は、この構造方式が採られている。

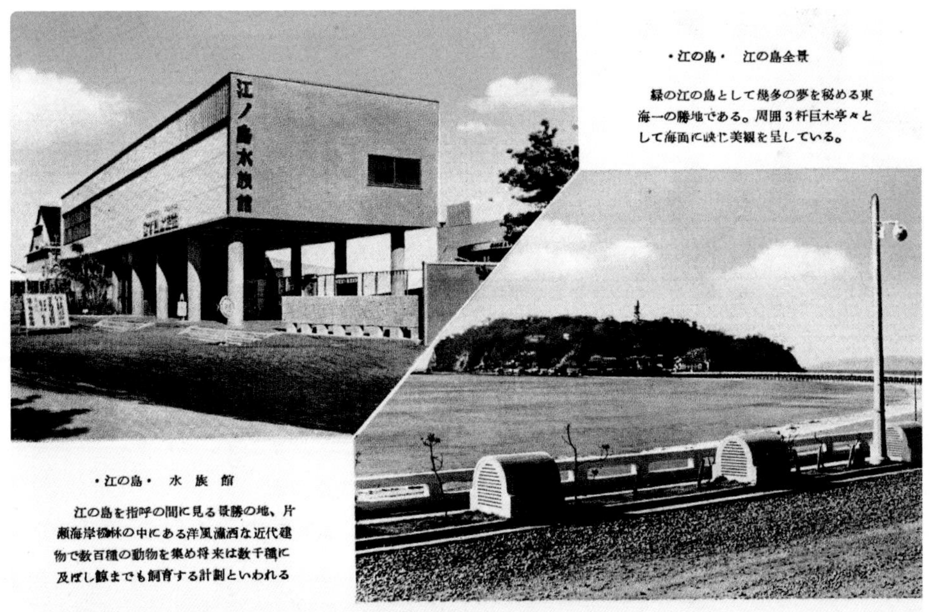

江ノ島水族館、竣工：1954年、設計：竹中工務店。絵葉書から

また大学水族館の元祖である東京帝国大学三崎臨海実験所も、1932年には三浦郡の荒井浜へと敷地を移して、新しい施設を建てた(左ページの写真)。本館は鉄筋コンクリート造、地下室付きの2階建て。建築設計は、東京帝国大学の営繕課長だった内田祥三の下、清水幸重と桑田貞一郎が担当している。内田祥三といえば東京大学の安田講堂や図書館の設計で名高い建築家だ。垂直性を強調した外観とスクラッチ・タイルで壁面を仕上げたスタイルは、“内田ゴシック”とも称された。三崎臨海実験所の新水族館もタイル張りで、内田らしさがうかがえるが、全体としてはモダニズムのデザインである。

このように、この時期に建てられた大学付属水族館にはモダニズムや、その前触れともいえる表現主義のデザインを取り入れられたものが多い。合理性と先進性が水族館の建築には求められ、それをかなえるのがこの種のデザインだったのだろう。

戦後に起こった水族館ブーム

太平洋戦争は、水族館という施設にとっても厳しい時期だった。例えば1934年にオープンした阪神パーク水族館は、200種、2500点の水族を展示した本格的な水族館だったが、1943年には飛行場を建設するという理由で取り壊されている。しかし戦争が終わって1950年代には、早くもたくさんの水族館が日本に生まれ、ブームの様相を呈していた。

この時代を代表する水族館が、1954年にオープンした江ノ島水族館だ(上の写真)。神奈川県藤沢市の著名な観光地であるこのエリ

マリン・スタジオ、竣工：1938年。絵葉書から

アには、以前にも2つの水族館があり、これが3代目となる。鉄筋コンクリート造（一部鉄骨造）の2階建て。延べ面積は約1500㎡で、内部には33個の水槽を設けていた。設計したのは竹中工務店だ。外装はモルタルリシン仕上げで、一部にガラスブロックをはめている。2階展示室の下をピロティとして開放した建物の構成は、モダニズム建築のお手本のようである。

江ノ島水族館は1957年、道路を挟んだ反対側に2号館として、イルカ専用の水族館が完成。ここでは楕円形の大水槽を使ってイルカのショーを開催した。米国では1938年にフロリダ・セントオーガスティンでマリン・スタジオ（上の写真、現在のマリンランド・オブ・フロリダ）が開業し、イルカのショーで人気をさらっていた。これを日本で取り入れたのがここだった。

マリン・スタジオで画期的だった点がもうひとつある。それはオセアナリウムの水槽だ。従来の水族館は、水族を種ごとにそれぞれの水槽で展示していた。四角い窓が並んだ印象から、このやり方の展示は汽車窓式と呼ばれる。これに対して、大きな水槽で異なる種を一緒に泳がせて展示する方法がオセアナリウムである。本当の海中を眺めるように、群れをなして泳ぐ魚の生態を見ることができるところに利点がある。

これも1950年代に日本で建てられた水族館が、採り入れ始めている。大阪府泉南郡のみさき公園自然動物園水族館（開業1957年）や、神戸市立須磨水族館（同）がそうである。

そうした中、建築作品として特筆すべきものを挙げるなら、1959年に長崎市でオープンした長崎水族館だろう（右ページ上の写真）。早稲田大学建築学科教授の武基雄が設計した建物は、鉄筋コンクリート造、3階建て。アプローチ・デッキで2階の高さの入り口前ピロティへと接続する構成は見事で、五島石貼りとコンクリート打ち放しを組み合わせた外壁の質感も良い。ル・コルビュジエの後期作品をほうふつとさせる建築だ。

内部にはオセアナリウムを設置、周囲にクジラプールや熱帯館、寒帯館など関連諸施設を建てる構想もあったが実現はしなかった。施設の老朽化により1998年で営業終了。建物は改築を経て、長崎総合科学大学附属高校校舎となっている。また、後を受け継ぐ形で近くに長崎ペンギン水族館（150ページ）がオープンした。

日本発祥の回遊水槽

1960年代、高度経済成長を遂げていく日本で、手頃な観光レクリエーション施設として水族館は人気が高く、引き続き数を増やしていった。水槽の大型化が進み、魚の餌付けの様子を見せるショーも広まる。展示の手法でも革新が起こった。回遊水槽の登場だ。

回遊水槽はドーナツ形の大型水槽をつくって、その中をぐるぐると魚が泳げるようにしたものである。1957年に完成した鳥羽水族館本館のものが世界初とされ、本格的なものとしては

長崎水族館（現・長崎総合科学大学附属高校校舎）、竣工：1959年、設計：武基雄

1964年オープンの大分生態水族館で実現している。1周が61mの回遊水槽ではブリやシマアジなどの魚が約2000尾、泳いでいたという。

1968年に開業した京急油壺マリンパークでも回遊水槽を導入する。外径25m、内径18mのドーナツ型の水槽は、ここでは内側から鑑賞するようになっていて、3000尾の魚が泳ぐ情景に没入できる展示となっていた。設計したのは大阪建築事務所（現・大建設計）。この施設をはじめとして、男鹿水族館、志摩マリンランド、新潟市水族館など、数多くの水族館を設計していくことになる。

この時代、日本が世界に先駆けて発展させた水族館の技術には、他にアクリル水槽がある。これを担ったのは、1969年に香川県で設立された日プラ化工（現・日プラ）だ。創業者の敷山哲洋は以前、高周波で合板を製造する会社にいた。この技術が評価され、ホテルオークラ（東京）のロビーにある有名な照明器具の製作も担当している。

アクリル水槽自体は、マリンランド・オブ・フロリダ（1960年）や上野動物園水族爬虫類館（1964年）で既に採用されていたが、日プラは厚く、しかも透明度の高いアクリルパネルをつくる技術で、より大きく自由な形状

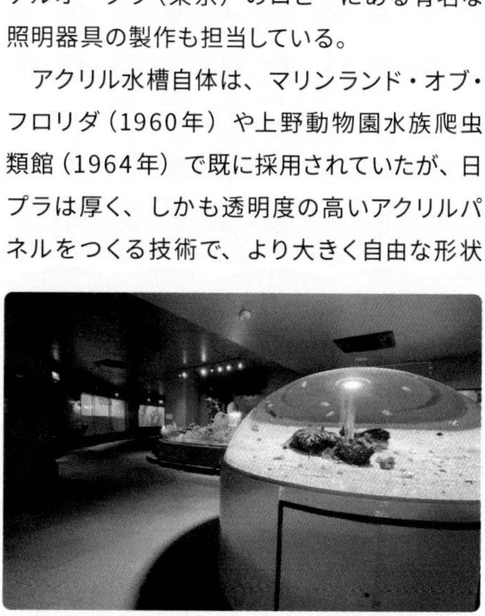

現在の新屋島水族館にも日プラ製のドーム型水槽が並んでいる

沖縄海洋博水族館、竣工：1975年、設計：槇総合計画事務所（槇文彦）

の水槽を製作することに成功、1969年開業の屋島山上水族館（高松市、現・新屋島水族館）を皮切りに、国内外の水族館で採用されることになる。そのシェアは今や、7割にも及んでいるという。そしてこのアクリルの技術が、1970年代以降の、さらなる水族館の巨大化をうながすことになった。

都市再生の切り札に

1970年代以降の水族館では、オセアナリウム水槽の大規模化が進むと同時に、展示におけるテーマの設定が行われるようになった。ディズニーランドなどのテーマパークで採られる手法が、水族館にも入り込んでくるのである。

その傾向が見られる日本の水族館は、例えば沖縄海洋博水族館だ（上の写真）。1975年に開催された沖縄海洋博覧会の会場に、恒久施設として建てられたもので、内部には「黒潮の海」をテーマにした大水槽があり、約130種、およそ1万匹の魚が泳ぐ。12×28×3.5mの水槽は、当時、世界最大と言われた。設計したのは槇文彦（槇総合計画事務所）で、沖縄の強い日差しから来場者を守るため、鉄骨造の建物本体の前にプレキャスト・コンクリート製のアーケードを設けた。この施設は美ら海水族館の開業（2002年、154ページ）で役割を終えたが、アーケードの一部は復元されている。

水族館のテーマ化において、目覚ましい活躍を見せた建築家が米国のピーター・シャマイエフだ。大学の建築学科を卒業してまもなく、ケンブリッジ・セブン・アソシエイツという設計事務所を創設した彼は、実績がほとんどなかったにもかかわらず、ボストンで計画された

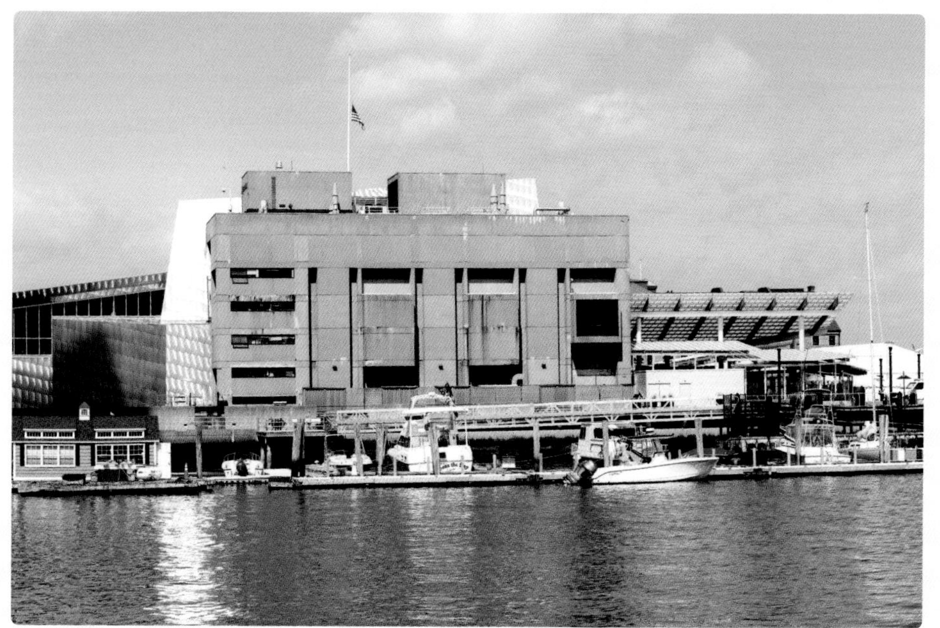

ニューイングランド水族館、竣工：1969年、設計：ケンブリッジ・セブン・アソシエイツ（ピーター・シャマイエフ）写真：Adobe Stock

ニューイングランド水族館の設計者という大役を見事に勝ち取る。1969年に開業したこの水族館は、4層分の高さを持った直径12mの円形水槽のまわりを螺旋（らせん）状に巡りながら、サンゴ礁の生態を観察できるという画期的な設計だった（上の写真）。

続いて、ボルチモア国立水族館（1981年）では、屋上にガラスのピラミッドを架けて空間を開放し、そこに熱帯雨林気候を再現して鳥やは虫類も含めた環境展示をつくり上げた。以来、水族館建築の第一人者となり、大阪の海遊館（1990年、116ページ）、米国のテネシー水族館（1992年）。イタリアのジェノバ水族館（建築家レンゾ・ピアノとの共同、1992年）、リスボン・オセアナリウム（1998年、次ページ写真）などを手掛ける。

シャマイエフが手掛けた水族館のもうひとつの特徴は、都市の再活性化に大きな役割を果たしたことだ。それまで水族館は、風光明媚な観光地に建てられることが多かったが、ニューイングランドやボルチモアの敷地はもともとさびれた港湾地区だった。そこに水族館を建設して大量の来場者を呼び込むことにより、大都市のウオーターフロントを魅力的なエリアに変えたのである。日本でも海遊館のほか、この手法が各地で用いられた。葛西臨海水族園（1989年、52ページ）、名古屋港水族館（1992年、102ページ）、かごしま水族館（1997年、152ページ）などがこれに当てはまる。

多様化する水族館

2000年以降も、新しい水族館は続々と生まれている。1950～60年代の水族館ブームで

リスボン・オセアナリウム、竣工：1998年、設計：ケンブリッジ・セブン・アソシエイツ（ピーター・シャマイエフ）写真：Adobe Stock

建てられた施設がリニューアルされる時期にあたり、建て替えられた水族館も多い。

世界を見渡せば、米国のジョージア水族館（2005年）やシンガポールのシー・アクアリウム（2012年）のように、大規模化を推し進めて世界一の記録を塗り替えていく水族館が目につくが、日本では適度な規模でローコストな水族館のあり方も見直されているようである。その中には、ビルの内部にビルトインで設けられるタイプのものもある。日本の水族館の多様さは、本書の事例ページをめくれば、理解できることだろう。

ジンベエザメのような巨大な魚から、クリオネのような小さな軟体動物まで、水族館で出会う水生生物は様々な形に進化を遂げている。水族館の建築も、多様ながらそれぞれに魅力的なものとして発展していった。本稿では、そんな歴史を振り返ってみた。

［参考文献］

田村鎮「水族館」（『建築雑誌』明治38（1905）年7月号・9月号

『PROCESS Architecture 119 ケンブリッジ・セブン・アソシエイツ』プロセス・アーキテクチュア、1994年

鈴木克美『ものと人間の文化史　水族館』法政大学出版局、2003年

西村公宏『大学附属臨海実験所水族館 近代日本大学附属博物館の一潮流』東北大学出版会、2008年

ベアント・ブルンナー『水族館の歴史』白水社、2013年

溝井裕一『水族館の文化史　ひと・動物・モノがおりなす魔術的世界』勉誠出版、2018年

『社会を支える建築　大建設計』新建築社、2019年

『心を豊かにするデザイン　讃岐モダンへのあゆみ』高松市歴史資料館、2019年

Part 1.

東京・千葉・神奈川

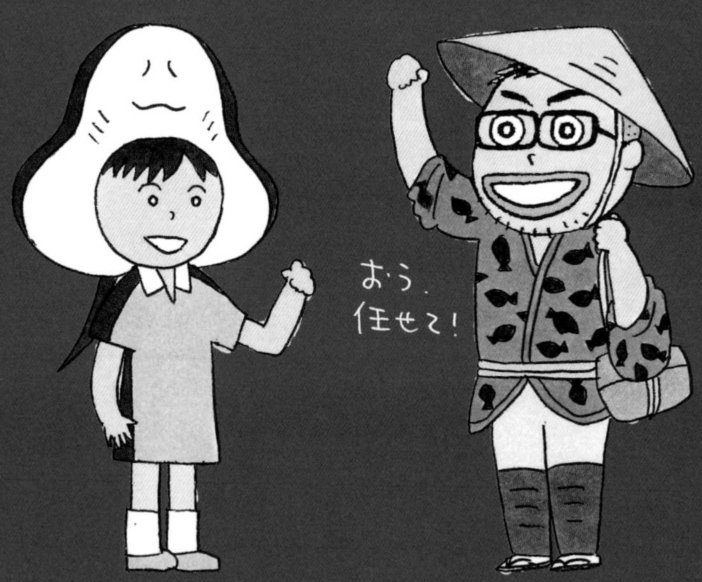

ミヤザワのおじさん.
あとはよろしく！
おう.
任せて！

「サンシャイン水族館」の「サンシャインラグーン」（46ページ）

「すみだ水族館」のペンギン水槽（50ページ）

「葛西臨海水族園」の「東京の海」キャットウォーク（52ページ）

「鴨川シーワールド」の「オーシャンスタジアム」（56ページ）

「マクセル アクアパーク品川」の「ザ スタジアム」（58ページ）

「横浜・八景島シーパラダイス」の「フォレストリウム」（61ページ）

「新江ノ島水族館」の「イルカショースタジアム」（62ページ）

「相模川ふれあい科学館 アクアリウムさがみはら」の「流れのアクアリウム」（66ページ）

01
進化を続ける初の高層ビル水族館

サンシャイン水族館

東京都豊島区／1978年開館、2011年大規模改修

［設計］当初：三菱地所
改修：三菱地所設計・大成建設※
（※は2011年以降の改修、以下も同じ）

［施工］当初：大成建設
改修：大成建設・新菱冷熱・九電工※

［階数］ワールドインポートマートビル屋上（地上10～11階）

［延べ面積］7765㎡

［総水量］655トン

［所在地］東京都豊島区東池袋3-1 サンシャインシティ
［交通］各線・池袋駅から徒歩約10分、東京メトロ有楽町線・東池袋駅から徒歩約5分
［公式サイト］https://sunshinecity.jp/aquarium/

地上60階建ての超高層ビル、「サンシャイン60」の足元に立つ商業ビル「ワールドインポートマートビル」。11階建てのそのビルの屋上階（地上10～11階）にあるのが「サンシャイン水族館」だ。サンシャインシティの開業時（1978年）からあり、当初は「サンシャイン国際水族館」という名前だった。

高層ビルの屋上を活用した日本初の本格的水族館。開館から40年以上たつが、古くささは全く感じない。というのも、2010年秋から約1年休業して施設を全面改修したからだ。

このときの改修では、積載荷重ぎりぎりの大水槽、「サンシャインラグーン」（水量240トン）を建物内に新設。視覚効果を利用して実際の奥行きや高さよりも広がりが感じられるように工夫した。屋外エリアには、アシカが宙を泳ぐドーナツ型水槽「サンシャインアクアリング」を新設し、これも大きな話題となった。

本館1階（地上10階）「サンシャインラグーン」。2011年に誕生

本館2階も2011年にリニューアルされた

「天空のペンギン」にいるのは、南アフリカに生息するケープペンギン。岩場で動かないイメージのケープペンギンだが、エサをとるために海を泳ぐことを思い出させる。水槽の側面の穴から、エサの魚が飛び出してくることも。

「天空のペンギン」。上部の浅いところは水深 20cm 程度しかなく、本当に空を飛ぶよう

ビル群を背に空を飛ぶペンギン

さらに2017年には、屋外に「天空のペンギン」や「天空パス（ペリカン）」を新設、2020 年には建物内に「海月空感（くらげくうかん）」を新設するなど、二の矢、三の矢を次々と放つ。

「天空のペンギン」は、近年増えているオーバーハング水槽（上部が手前側にせり出している水槽）だが、前面だけでなく背面もアクリルパネルになっているのが珍しい。水槽の向こうにビル群が見え、都会的な印象だ。

2011 年の改修以降は、水族館プロデューサーの中村元（はじめ）氏の監修および水族館スタッフのアイデアの下、三菱地所設計と大成建設の設計チームが施設を再生している。魅力的な展示手法を発信し続けるこの水族館は、今も都市型水族館のトップランナーだ。（M）

屋外エリアの「サンシャインアクアリング」

本館 1 階の「クラゲパノラマ」。曲面で広く見せる
（写真：近代建築社）

1978年、サンシャインシティの完成とともに誕生した「サンシャイン水族館」。都市型高層水族館の先駆けだ。施設があるのは、ワールドインポートマートビルの屋上階（地上10〜11階）。よくこんな所に水族館つくろうと思ったなあ……。

このマーク好き→

水族館
プラネタリウム

「10年以上行ってない」という人は、絶対に行くべき。大胆な改修を重ね、今も最先端。まずは、「サンシャインラグーン」（2011年完成）へ。

館内で最大の水槽。といっても、他館と比べればさほどの水量ではないが、形の工夫で広く見せる。そして、子どもが見やすいので、ママたちに人気。

2020年に完成した「クラゲパノラマ」は、奥行きのないスペースを、長い曲面水槽で、効果的に見せる。このエリアに「クラゲトンネル」など、多種のクラゲを集中させて、記憶に刻む。

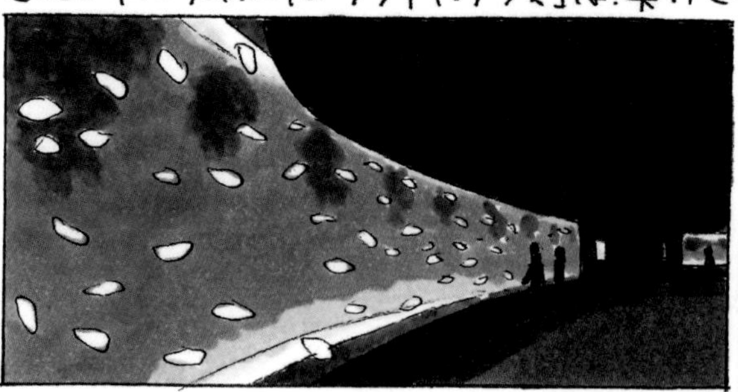

個人的には、カエルがたくさん見られてうれしい。

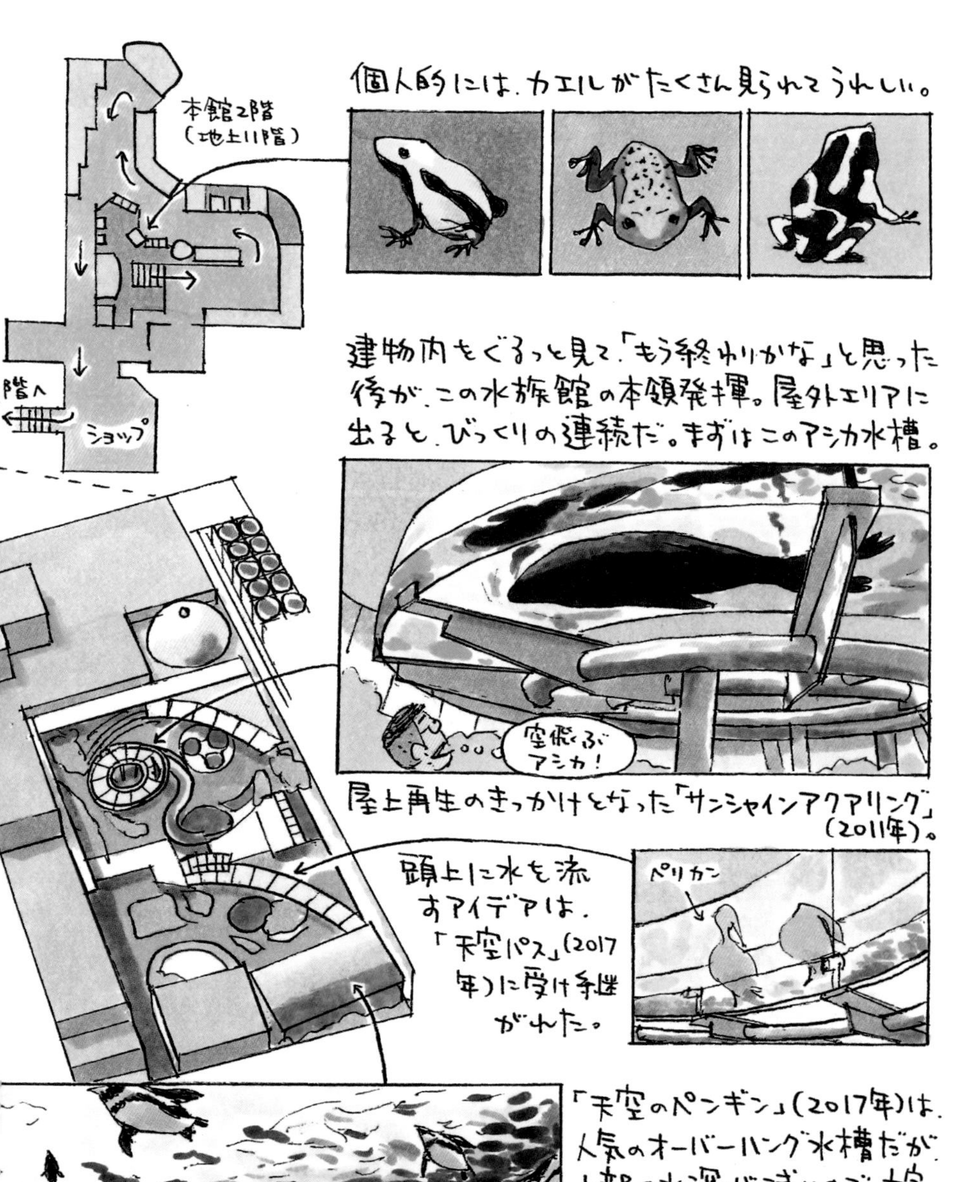

建物内をぐるっと見て「もう終わりかな」と思った後が、この水族館の本領発揮。屋外エリアに出ると、びっくりの連続だ。まずはこのアシカ水槽。

屋上再生のきっかけとなった「サンシャインアクアリング」（2011年）。

頭上に水を流すアイデアは、「天空パス」（2017年）に受け継がれた。

「天空のペンギン」（2017年）は、人気のオーバーハング水槽だが、上部の水深が浅いので、文字通りペンギンたちが"空を飛ぶ"よう。水槽の向こうにビル街が見えるのも、都会的でグッド。

限られたスペースをさまざまなアイデアで楽しく見せる。これぞ建築の力。

02 大空間にペンギンから金魚まで

すみだ水族館

東京都墨田区／2012年開館
［設計］大成建設
［施工］大成建設・東武谷内田建設JV
［階数］地上5～6階（2層）
［延べ面積］7140㎡
［総水量］約700トン

［所在地］東京都墨田区押上1-1-2　東京スカイツリータウン・ソラマチ5・6階
［交通］東武スカイツリーライン・とうきょうスカイツリー駅すぐ、東武スカイツリーライン・東京メトロ半蔵門線・京成押上線・都営地下鉄浅草線・押上（スカイツリー前）駅から徒歩5分
［公式サイト］https://www.sumida-aquarium.com/

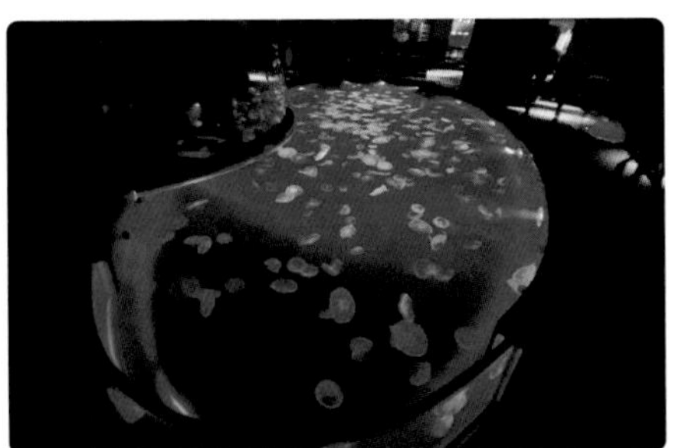

6階の「ビッグシャーレ」。楕円形の水槽にクラゲが漂う

アクリルで隔てられていないのでペンギンの声まで聞こえる

東京スカイツリータウンの複合商業施設「東京ソラマチ」内にある。「京都水族館」の次に、水槽内の水の完全人工海水化を実現した。

展示フロアは2層からなり、6階のクラゲエリアは2020年、以前の2倍の広さにリニューアル。「ビッグシャーレ」と呼ぶ長さ7mの楕円形の水盤水槽などが新設された。ビッグシャーレではアクリル越しではなく直接、上からクラゲを観察できるほか、水槽の上に張り出したガラス床のデッキでは足下にクラゲが漂い、海面に立っているような浮遊感も楽しめる。

複雑な形状の大水槽では小笠原諸島の海を再現し、約45種450点の魚が泳ぐ。また、下町の水族館であることから江戸の金魚文化を意識し、水族館には珍しく、金魚も約15種展示している。ペンギンの水槽は屋内ながら開放型で、6階では上から、5階では横からも下からも、ペンギンが泳ぐ姿を見られる。（N）

お魚POINT　すみだ水族館の「ペンギン相関図」は、ペンギンの親子や兄弟、夫婦の関係性を可視化したもの（京都水族館も）。2018年に初めて制作され、「昼ドラのようにドロドロだ」と話題に。以降、毎年アップデートされている。

すみだ水族館
(5~6F)

あの東京スカイツリー®の足元ということで、最初に足を踏み入れたときには、正直、こんなふうに思ってしまった。

出だしが水草？地味……

しかし、それは茶室の「にじり口」が内部を広く感じさせることに似ているかもしれない。

え、どこがって？

その先に現れるのは、こんな↓大空間。ペンギンプールも見下ろしながら、スロープで1層分をゆったり下りる。

こう来たか…
ここはアクアベース

屋内型の水族館でこんなに全体が見渡せるのは珍しい。臭いもしない。

↑小笠原大水槽

屋外のイベントがない分、室内もじっくり見学できるように、休憩用のイスが充実している。

立地の良さに甘んじず、開館から10年もたたずに、2020年、リニューアルを実施した。その1つが、「ビッグシャーレ」※→。クラゲを上から見るのは珍しい。

※デザインは丹青社

ステージの上には、「キッチン」→を新設。魚を食べるの？と思ったら、エサの調理場だった。

なるほど！

03 埋立地に新たな風景と感動を生む

葛西臨海水族園

東京都江戸川区／1989年開館
［設計］谷口建築設計研究所
［施工］間・東亜・古久根・中里建設 JV
［階数］地上3階
［延べ面積］1万2727.7㎡
［総水量］3160トン

［所在地］東京都江戸川区臨海町6-2-3
［交通］JR京葉線・葛西臨海公園駅から徒歩5分
［公式サイト］https://www.tokyo-zoo.net/zoo/kasai/

上野動物園開園100周年（1982年）を記念して計画され、1989年にオープンした。前身は1964年に開館した「新上野水族館」で、さらにその前身は、日本最初期の水族館、「上野動物園うをのぞき」（1882年）にさかのぼる。

水族園の設計を担当したのは、“美術館の名手”として知られる谷口吉生氏（谷口建築設計研究所）。施設内だけでなく、外部空間も含めて体験価値を高める設計手法は、美術館の名手ならではといえよう。

遠くから目を引くのは、地上30.7mのガラスドーム。チケットを買って屋上に上ると、巨大な水盤が広がる。この水盤は、日本で「インフィニティ・プール」（海や空と連続して見えるプール）を一躍有名にした。

展示の目玉は、世界で初めて外洋性の魚の群泳を実現したクロマグロの大水槽。これは水量2200トンのドーナツ型水槽だ。曲面のアクリル板を現場でつなぎ合わせてつくったもので、“水槽大型化”の先駆けとなった。

バックヤード見学が通常動線

動線の途中で屋外に出て、ペンギンを見る。面積は国内最大級でフンボルトペンギン、フェアリーペンギン、ミナミイワトビペンギン※、オウサマペンギン※が飼育されている（※は時期により屋内）。地下から水中の様子も見られる。

順路の最後は「東京の海」。このエリアはキャットウォーク（上部通路）からスタッフの作業風景を見ることができる。バックヤードの本格的な見学路が通常順路に組み込まれている施設は極めて珍しく、先進的だ。

別棟の「淡水生物館」もお見逃しなく。実際の雑木林と連続する池や渓流の「断面」を見せる展示は、一見地味だが画期的。（M）

水槽ではゆったりと泳いでいるクロマグロ（ホンマグロともいう）。猛ダッシュすると時速約80kmで泳ぐ。急激な光の変化や振動などに驚いてパニックになることがあるため、小さな水槽では飼育が難しい。

クロマグロの群泳が見られるドーナツ型水槽（写真：葛西臨海水族園）

「渚の生物」の浅瀬

キャットウォークからバックヤードを見ることができる

ペンギンの展示面積は国内有数。地下に下りると、水槽内を横から見ることができる

別棟の「淡水生物館」も谷口吉生氏の設計

世界の水族館のレベルを底上げしたのがケンブリッジ・セブン（P116参照）であるならば、日本の水族館を世界トップレベルに引き上げたのは――谷口吉生氏であり、「葛西臨海水族園」であると思う。

何もなかった埋め立て地に、ガラスドームで新しい風景をつくり出したこと。日本に「インフィニティ・プール」（海や空と連続して見えるプール）というものを広めたこと。大人も心を打たれる"空間の質"を実現したこと――。

展示エリアに入る前だけでも、その功績をスラスラ書ける。

展示では、世界で初めてマグロの群泳を実現した。ドーナツ型の水槽は、水量2200トン。

この水槽、当初は小型マグロがぐるぐる回っていた。現在は展示種を分けるため、2分割。

YOSHIO TANIGUCHI 1937－
日本を代表する建築家の1人。

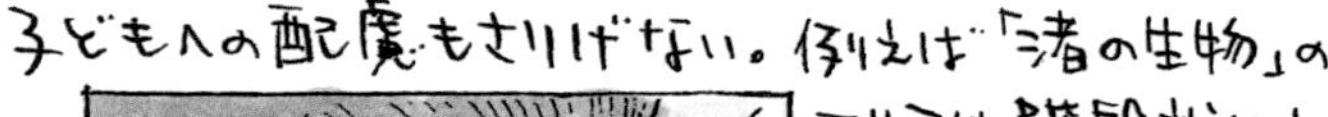

子どもへの配慮もさりげない。例えば「渚の生物」のエリアは階段状に上っていく。小さな子どもも自分の見やすい高さでのぞくことができる。

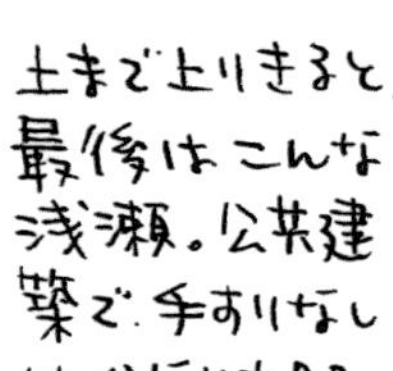

上まで上りきると、最後はこんな浅瀬。公共建築で、手すりなしは、かなり大胆。

上部通路

海鳥

レストラン

外観で印象的なこのガラスの部分は…

なんと、バックヤードの見学路。裏方も明るく美しく見せるこだわりに拍手！

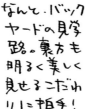

ところで、この施設が「水族館」ではなく「水族園」であるのは、敷地全体で自然を体感するという意図からだということもご存じだろうか。

そういう意味では、北側にある「水辺の自然」や「淡水生物館」もお見逃しなく。

淡水生物館にある「池沼」断面水槽は、地味にすごい展示。

04 傾斜を生かしてシャチへと導く

鴨川シーワールド

千葉県鴨川市／1970年開館、
トロピカルアイランド(右の写真)は2000年完成

[設計] 日建設計※（※はトロピカルアイランド、以下も同じ）

[施工] 大成建設※

[階数] 地下1階・地上2階※

[延べ面積] 5882㎡※

[総水量] 895トン※

［所在地］ 千葉県鴨川市東町1464-18
［交通］ JR・安房鴨川駅から無料送迎バス約10分
［公式サイト］ https://www.kamogawa-seaworld.jp/

民間の観光会社が1970年に開業したパビリオン型の水族館。敷地は太平洋の砂浜に沿って南北に細長く伸び、点在する建物で魚類の展示のほか、シャチ、イルカ、アシカなど海獣によるパフォーマンスを行っている。

シャチパフォーマンスは、開業初期からの人気演目。1500人収容可能な「オーシャンスタジアム」は、1987年につくられた。体の大きなシャチは、ジャンプした後の水しぶきが客席の中段まで飛び、それがパフォーマンスを盛り上げる。

90年代後半から2000年代初頭に大規模な刷新を行い、1996年に「エコアクアローム」、1998年に「ロッキーワールド」、2000年に「トロピカルアイランド」を新設した。

入り口近くにあるトロピカルアイランドは、敷地の傾斜を生かし、2層の室内をスムーズに見せたうえで、海獣たちのエリアへと人々を導く。(M)

シャチパフォーマンスが行われる「オーシャンスタジアム」

「トロピカルアイランド」の大水槽「無限の海」

シャチパフォーマンスで人気のメスのシャチ「ラビー」は鴨川シーワールド生まれ。現在はラビーの第二子のメス「ルーナ」も、一緒にパフォーマンスに参加している。ラビーの第一子のオス「アース」は、名古屋港水族館で活躍中。

「鴨川シーワールド」といえば、シャチが有名だが、ここで取り上げたいのは、2000年に完成した「トロピカルアイランド」。外観は、水平屋根の上に飛び

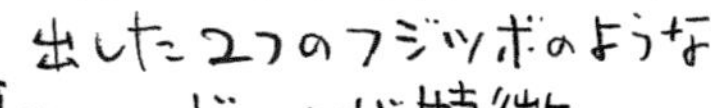
出した2つのフジツボのような
ドームが特徴。

この施設、
水族館の断面
計画を学ぶのに
とても参考になる。
ポイントは「スロープ」と
「敷地の傾斜」だ。

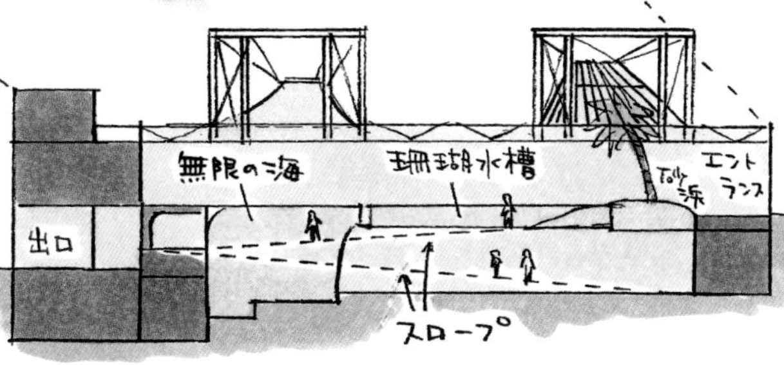

東側の入り口を入ると、
珊瑚水槽の砂浜。

珊瑚水槽の側面も見ながら、スロープを下る。アカウミガメ、かわいい。

スロープを下っていくと、
「無限の海」がチラリ。

スロープを下りきると、
「無限の海」がドーーン。
天井の丸窓からアカウミガメ。

出口を出ると、あら不思議。
階段を上っていないのに
地上。水族館の奥義!

05 エンタメ性を磨く都市型水族館

マクセル アクアパーク品川

東京都港区／2005年開館
［設計］大成建設、大建設計（2015年の改修）
［施工］大成建設
［階数］地上5階（展示は2フロア）
［延べ面積］1万1534.98㎡
［総水量］4670トン

［所在地］東京都港区高輪4-10-30（品川プリンスホテル内）
［交通］品川駅高輪口から徒歩約2分
［公式サイト］http://www.aqua-park.jp/aqua/

自然光が入るトンネル水槽「ワンダーチューブ」

スタジアムの円形プールは直径約25m、客席数1211席

総水量の約6割を人工海水で運営する都市型水族館。2005年の開館時は「品川アクアスタジアム」で、2015年に“音・光・映像と生きものの融合”をコンセプトとする「アクアパーク品川」に生まれ変わった。

展示は2層に分かれ、最初のフロアでは光や映像の演出で生き物たちを彩るエンターテインメント性の高い空間が続く。水槽内の展示も季節ごとのテーマに合わせたり、クラゲの展示空間も光と音で演出したりと、趣向を凝らす。

約20mのトンネル水槽「ワンダーチューブ」とイルカのスタジアムは上の階にある。海中トンネルは天窓から自然光が差し込み、幻想的な雰囲気だ。世界一の飼育種数を誇るノコギリエイは裏の顔が見えて楽しい。スタジアムの円形プールは直径約25m、客席数は1211席。都心によくぞつくったと感心する。「ワンダーチューブ」とスタジアムで結婚式を行うこともでき、これも都市型水族館ならでは。（N）

トンネル水槽「ワンダーチューブ」には10種類以上のエイが泳いでいる。ひときわ大きく見えるのはエイの1種であるナンヨウマンタ。日本の水族館ではここと「沖縄美ら海水族館」の2カ所でしか見ることができない。

「品川駅高輪口から徒歩2分」と聞くと、
「えっ、どこ?」と思う人が多いかもしれない。
場所は、品川プリンスホテルのアネックスタワーの
隣。低層なので、外観の印象は薄い。
しかし、中身は記憶に残る。
特に、この2つは強烈だった。

至品川駅

入り口ここ

1つは、「ザ・スタジアム」での水・音・光を同期させたドルフィン・パフォーマンス。

ラスベガスの
ショーみたい!
(見たことないけど)

トップライトの下にあるリングから、らせん状に水が降り注ぐ。初めて見た。

もう1つは、20mも続く海中トンネル「ワンダーチューブ」。自然光が入るトンネル水槽は珍しい。マンタをはじめ、他ではあまり見ないエイがわんさか泳ぐ。ノコギリエイの裏側って、初めて見た。

歌舞伎顔!

飼育員さんの解説がgood。ハイテクとアナログの相乗効果。

06 増築のアザラシ館も設計に技あり

しながわ水族館

東京都品川区／1991年開館

［設計］環境設計事務所（本館）、
日本設計（シャークホール、アザラシ館）

［施工］フジタ・松栄・立建設JV（本館）、
フジタ（シャークホール）、
フジタ・丸磯建設JV（アザラシ館）

［階数］地上２階　［延べ面積］4341㎡

［総水量］1846トン

［所在地］東京都品川区勝島 3-2-1
［交通］京浜急行・大森海岸駅から徒歩約８分、JR京浜東北線・大森駅から徒歩約15分、
または大井町駅から無料送迎バス
［公式サイト］https://www.aquarium.gr.jp/

かつての勝島運河を埋め立てた「しながわ区民公園」にある、都内唯一の区立水族館。入り口前やイルカプールの客席に架けられた、赤いトラス梁の大屋根が印象的だ。本館は六角形をいくつも組み合わせたような平面で、上の階は海面フロア、下の階は海底フロアという構成。下の階にあるトンネル水槽は上の階からガラス越しに見渡すこともできる。

2001年に出口手前に「シャークホール」（サメ水槽）、2006年にアザラシ館を増築。アザラシ館は人工池のほとりに建ち、上の階は水面や地上部でアザラシの給餌や昼寝などの様子を観察できる。館内で最も公園との連続性を感じる開放的な空間だ。下の階には観客が水槽内に入り込む体験ができる水中ホールがある。アクリルパネルでつくられた水中トンネルを通ってホールに至ると、アザラシがぐるぐると泳ぎ回る姿を間近に見られる。（N）

公園内の人工池に浮かぶアザラシ館はブリッジで本館と結ばれている

アザラシ館の水中ホールから水中トンネル方向を見る

お魚POINT　現在の品川の海岸地域をジオラマとともに再現。自然を取り戻そうとしている東京湾にクロダイやスズキなどが生きていることを紹介。東京湾周辺で見られる浅瀬の環境と生物の展示もある。

7

大水槽を貫く水中エスカレーター

横浜・八景島シーパラダイス

神奈川県横浜市金沢区／1993年開館

[設計] デザインシステム※
(※はアクアミュージアム、以下も同じ)

[施工] 清水・新日鐵・東亜・西武JV※

[階数] 地上5階(4フロア)※

[延べ面積] 1万8000㎡※

[総水量] 1万2000トン※

[所在地] 神奈川県横浜市金沢区八景島
[交通] シーサイドライン・八景島駅からすぐ
[公式サイト] http://www.seaparadise.co.jp

八景島は、横浜市が造成した人工島。1987年に事業コンペが行われ、当時の西武不動産を中心とした9社の企業グループが当選。株式会社横浜八景島を立ち上げ、1993年に「横浜・八景島シーパラダイス」がオープンした。設計者は、デザインシステム。「伊豆・三津シーパラダイス」(86ページ)も設計した清家(せいけ)清が主宰する設計事務所だ。

施設の核となる「アクアミュージアム」は、地上5階建ての積層型。上部には2つの三角錐が少しずれて並ぶ。ガラスの三角錐の下は半屋外での展示(43ページ)、膜材の三角錐の下はショープールだ。水族館の目玉は水量1500トン、2層吹き抜けの大水槽。上階に上るエスカレーターが水中トンネルになっているのは、建築家らしいアイデアだ。

現在はアクアミュージアムを含む4つの施設で、「アクアリゾーツ」を構成している。(M)

「アクアミュージアム」の大水槽を貫く水中エスカレーター

「ドルフィン ファンタジー」では、イルカだけでなくマンボウも必見

「ドルフィン ファンタジー」のマンボウ水槽は水深7mの円柱水槽で、上から自然光が入る。こんなに大きなマンボウの水槽は珍しい。マンボウの水槽への衝突を防ぐため、円柱水槽に水流をつくって壁への接触を防ぐ工夫も。

08 多様な見せ方でワクワク感が連続

新江ノ島水族館

神奈川県藤沢市／2004年開館
［設計］日建設計、大成建設（実施設計共同）
［施工］大成建設
［階数］地下1階・地上2階
［延べ面積］1万2804㎡
［総水量］3000トン

［所在地］神奈川県藤沢市片瀬海岸2-19-1
［交通］小田急江ノ島線・片瀬江ノ島駅から徒歩3分、江ノ島電鉄・江ノ島駅から徒歩10分、湘南モノレール・湘南江の島駅から徒歩10分
［公式サイト］https://www.enosui.com/

日本の近代水族館第1号として1954年に誕生した「江の島水族館」。その老朽化に伴い、2004年に開館した。全国初のPFI事業による水族館づくりが進められ、エンターテインメントとエデュケーション（教育）を合わせたエデュテインメント型水族館がテーマとなった。

大屋根が架かるエントランス広場は、地元のサーファーや散歩を楽しむ人も行き交う開放的な空間だ。2階に上がって湘南の海を見ながらブリッジを渡って館内に入るという始まりも期待感を高める。

展示の始まりは「相模湾ゾーン」。スロープを下りながら水深6.5m、容量1000トンの大水槽を、波打ち際から徐々に深い世界へと見学する。大水槽のメインの開口部は高さ9m、幅9mで、迫り出すように緩やかに弧を描き、鉛直方向も鑑賞者側に5度傾けて迫力が増すようにしてある。

「相模湾ゾーン」は水深6.5m、容量1000トンの大水槽

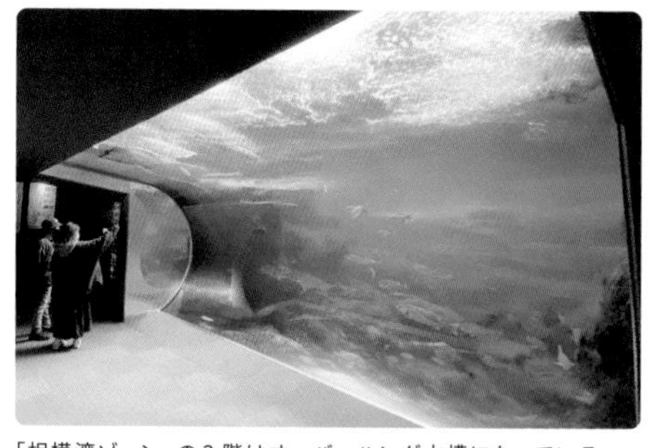

「相模湾ゾーン」の2階はオーバーハング水槽になっている

お魚POINT　新江ノ島水族館では、前身となる江の島水族館が1954年に開館した当初からクラゲの研究を行ってきた。当初は季節展示のみだったが、1973年に常設展示を実現。クラゲの展示技術は輸入ではなく、江の島発なのだ。

イルカショースタジアム。湘南の海と一体になったような空間

歴史あるクラゲの飼育と展示

1階は「相模湾ゾーン」から「深海Ⅰ」、さらに幻想的な「クラゲファンタジーホール」へと続く。クラゲの飼育研究と展示手法には旧江の島水族館以来の歴史があり、目玉展示の1つだ。壁面や天井の角をなくした半ドーム式の空間は、光の色調もブルーにコントロールし、クラゲの体内をほうふつとさせる。ここでは壁面に大小13の水槽と、ホール中央に球形の水槽を配置している。

順路に沿って2階に上がると、ちょうど建物の中央付近。ペンギンやアザラシなどの水槽の海側には、長さ72mのオーシャンデッキがある。潮風を感じながら、江の島や富士山、また、日没の時間帯には海に沈む夕日を眺められる。立地を生かした人気スポットだ。(N)

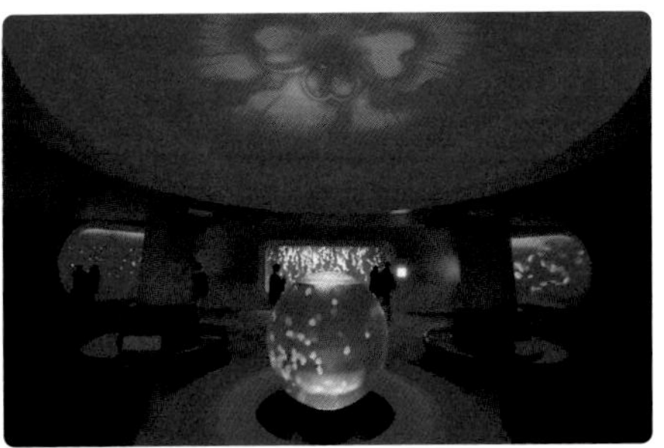
幻想的な「クラゲファンタジーホール」

オーシャンデッキから続く、ウミガメの立体見学路

2004年に完成した「新江ノ島水族館」は、その後の水族館に大きな影響を与えた。"見せ方の教科書"のような水族館だ。

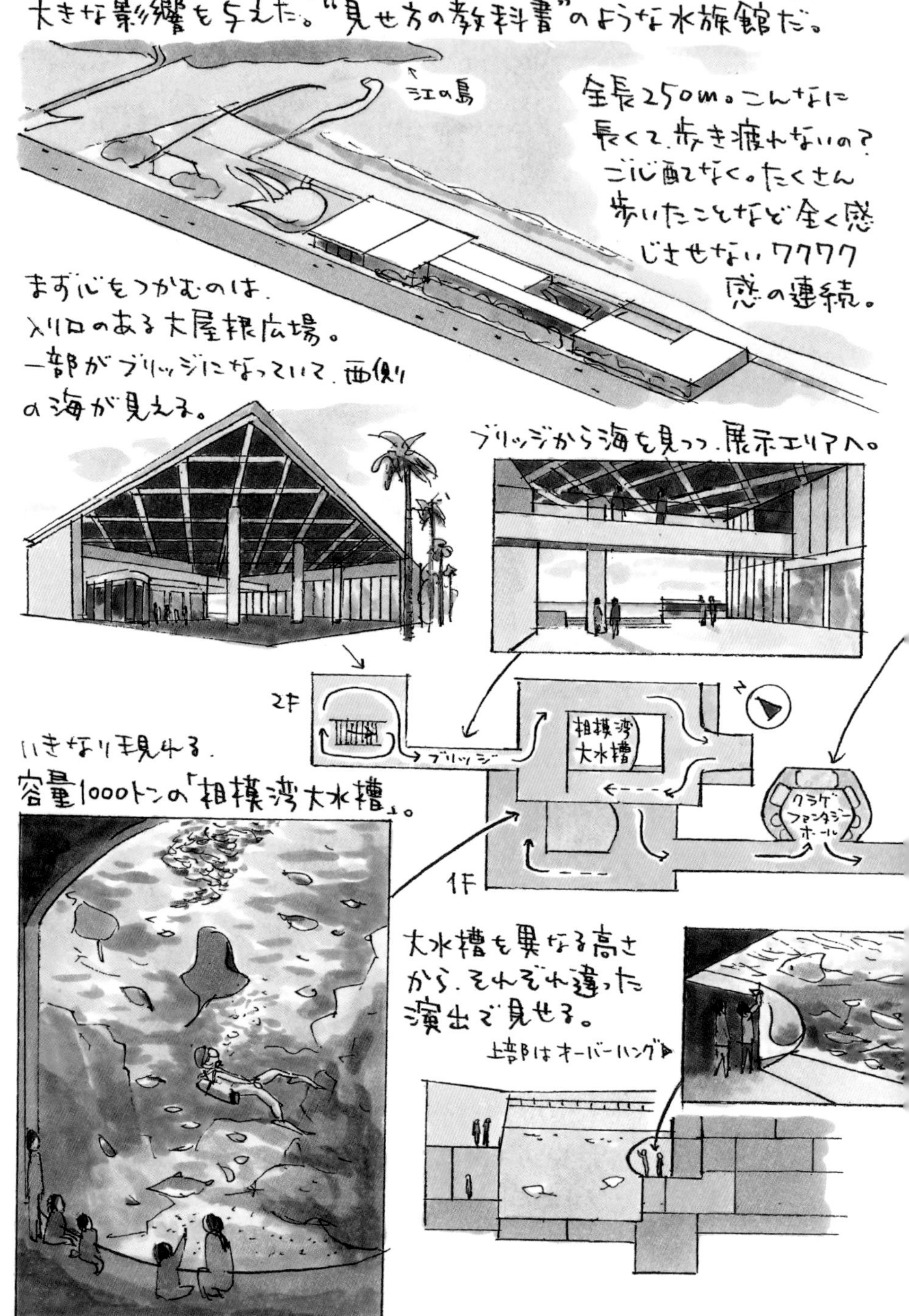

江の島
全長250m。こんなに長くて、歩き疲れないの？ご心配なく。たくさん歩いたことなど全く感じさせないワクワク感の連続。
まず心をつかむのは、入り口のある大屋根広場。一部がブリッジになっていて、西側の海が見える。
ブリッジから海を見つつ、展示エリアへ。
2F
相模湾大水槽
ブリッジ
クラゲファンタジーホール
1F
いきなり現れる、
容量1000トンの「相模湾大水槽」。
大水槽も異なる高さから、それぞれ違った演出で見せる。
上部はオーバーハング▶

筆者の一番のお気に入りは「クラゲファンタジーホール」。何ともいい感じの暗さ。癒される……。
1日中、ここでボーッとしていたい。

「イルカショースタジアム」の背景は、もちろん本物の海。江の島や富士山も見える。

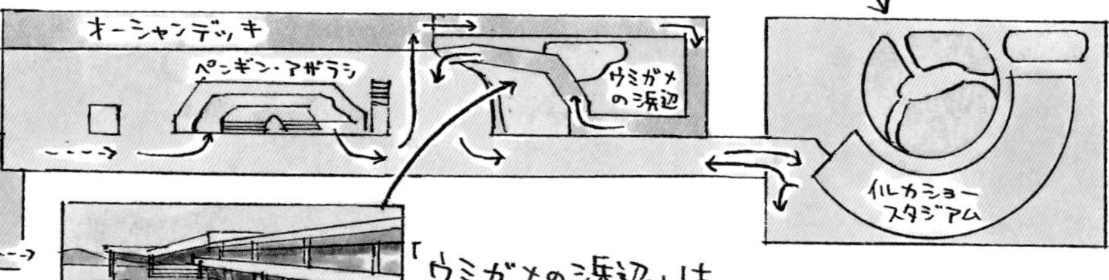

「ウミガメの浜辺」は、開館から10年目にできた。

ちょっと疲れてきた頃に、屋外で気分転換。うまい。

締めは「オーシャンデッキ」。午前中もいいけれど、晴れた日の日没は絶景。デートの鉄板!!

09 長さ40mの円弧状水槽で川を実感

相模川ふれあい科学館 アクアリウムさがみはら

神奈川県相模原市／1987年開館

[設計] 仙田満＋環境デザイン研究所

[施工] 相陽建設

[階数] 地上1階

[延べ面積] 1711.21㎡

[総水量] 110トン

（写真：3点とも相模川ふれあい科学館アクアリウムさがみはら）

［所在地］ 神奈川県相模原市中央区水郷田名 1-5-1

［交通］ JR 横浜線・相模原駅から神奈川中央交通バス・ふれあい科学館前下車すぐ

［公式サイト］ https://sagamigawa-fureai.com

子どものための施設の設計で知られる仙田満氏（172ページ参照）が敷地選定から関わった施設だ。「科学館」という名前だが、まぎれもなく水族館である。

メインの大空間に入った瞬間に目を奪われるのが、円弧状の水槽とスロープ。相模川の水源から河口までの113kmを、長さ40mの円弧状水槽「流れのアクアリウム」で表現した。

カーブしながら徐々に川上へと上っていく見せ方はわかりやすく、空間的にも変化に富んでいる。上流・中流・下流で水温が異なるため、水の循環システムは3つに分けた。アカエイなどが泳ぐ最下段の「河口域」は、淡水ではなく海水だ。

屋外の「湧水と小川のアクアリウム」は、湧き水から始まる相模川支流の水辺を再現している。アブラハヤをウグイにエサをあげることができるので、子どもたちに人気。（M）

流れのアクアリウム。円弧状の水槽で相模川を再現

ドーナツ型の坂道お魚観察水槽

相模川のシンボル、アユ。秋に下流でふ化したアユの稚魚は、相模湾沿岸でプランクトンを食べて育ち、翌年春には相模川を遡上する。ドーナツ型の水槽では、アユが堰（せき）を越える様子も見ることができる。

標高日本一、光差す海水大水槽

箱根園水族館

神奈川県足柄下郡箱根町／1979年開館、海水・淡水館は1999年完成

［設計］乃村工藝社

［施工］西武建設

［階数］地下1階・地上3階

［延べ面積］2014㎡

［総水量］1720トン

［所在地］ 神奈川県足柄下郡箱根町元箱根139
［交通］ 小田急ロマンスカー・箱根湯本駅から伊豆箱根バスで1時間5分、箱根園下車
［公式サイト］ https://www.princehotels.co.jp/amuse/hakone-en/suizokukan/

自然光が差し込む大水槽。海中ショー（給餌）もある

バイカルアザラシによる「温泉アザラシ」。実際は温泉ではない

芦ノ湖畔の一大リゾートエリア「箱根園」にある水族館。海抜723m、"日本一標高が高い海水大水槽を有する水族館"をうたう。1979年の開業時にできたのは淡水館。20年後の1999年に海水館が完成。さらに2003年にアザラシ広場（淡水）が完成した。淡水館は老朽化のため、2019年に閉館。淡水館の生物は海水館に移され、「海水・淡水館」となった。

海水・淡水館は、外観こそ素っ気ないが、一歩足を踏み入れると中央の大水槽（海水）に目が釘付けとなる。水深7m、水量1255トンの縦長の水槽の上部から自然光がキラキラと差し込み、光の柱のよう。水底には朽ちた沈没船。気泡が立ち上る演出も物語的で面白い。

大水槽の周りをスロープで時計回りに下っていく構成。このスロープをケープペンギンがテクテク歩く散歩イベントもある。コツメカワウソとの握手、アザラシ広場での「温泉アザラシ」など、"緩さが味"のイベントが楽しい。（M）

お魚POINT　「温泉芸」の先駆者はバイカルアザラシのビリー（オス）で、初披露は2009年のこと。現在はアッシュ（オス）に引き継がれている。しかし、アッシュも高齢。後継者として、ゴマフアザラシのひまわりが特訓中！

コラム

ここでしか出会えない！
厳選・ご当地みやげ15

**水族館に行ったら「お土産を買う」ことも楽しみの１つ。
どのお土産もかわいくて目移りするけれど、やっぱりその場所の思い出を心に刻みたい。
「その水族館限定」の珍しいお土産を買い集めてみました。すべて自腹購入！**

文：長井美暁、宮沢 洋

飼育スタッフが監修！

01 目玉焼きクラゲのぬいぐるみ

@鶴岡市立加茂水族館（186ページ）

その姿が目玉焼きにそっくりなことから「目玉焼きクラゲ」とも呼ばれる「コティロリーザツベルクラータ」のぬいぐるみ。「飼育員の暴走シリーズ」と呼ばれる商品の1つ。2021年に発売開始。傘のもっこり具合にこだわり、「どうやったら目玉焼きに見えずクラゲに見えるかを考え、何度も調整しました」とのこと。

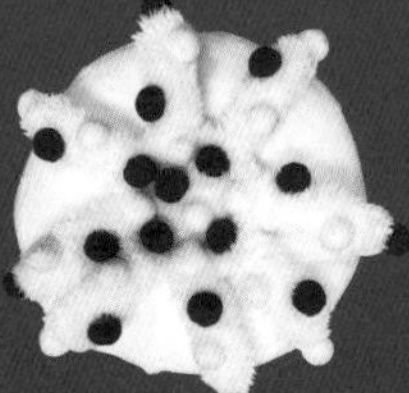

鶴岡市立加茂水族館のコティロリーザツベルクラータ

02 ほたるいかのぬいぐるみ

@ほたるいかミュージアム（96 ページ）

発光部に蓄光塗料が塗ってあり、暗闇でほんのり光る。形状や発光部分などは、小林昌樹館長が監修してリアリティを追求。持ち歩けるキーチェーンタイプ（写真）と部屋に置くのにちょうどよい30cm ぬいぐるみの２種。2022年１月発売のニューフェイス。

発光するほたるいか（写真：ほたるいかミュージアム）

※72ページまでで紹介している商品は、在庫切れや販売終了の場合もあります。

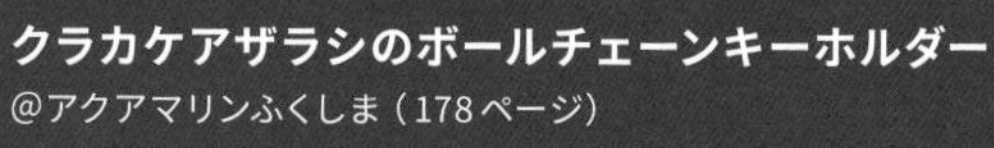

03 クラカケアザラシのボールチェーンキーホルダー

@アクアマリンふくしま（178ページ）

アクアマリンふくしまのクラカケアザラシ「くらまる」

黒い体に入った白い線が、馬の鞍（くら）の形に似ていることが名前の由来となったクラカケアザラシ。2022年現在、世界で飼育されているのはアクアマリンふくしまの「くらまる」だけ。手の平サイズのくらまるの白黒模様がかわいい！ ラグビーボールサイズのぬいぐるみもあり。

地元愛に萌える！

04 きらきらシイラのボールチェーン

@足摺海洋館SATOUMI（142ページ）

シイラの幼魚（写真：足摺海洋館SATOUMI）

シイラは熱帯・温帯海域に分布する大型の回遊魚で、ハワイではマヒマヒの名で知られる。中四国や九州地方では食用として捕獲され、刺身やフライなど様々な調理方法で親しまれている。シイラのボールチェーンはキラキラ感や特徴のある魚体を再現。ユニークな顔立ちも！

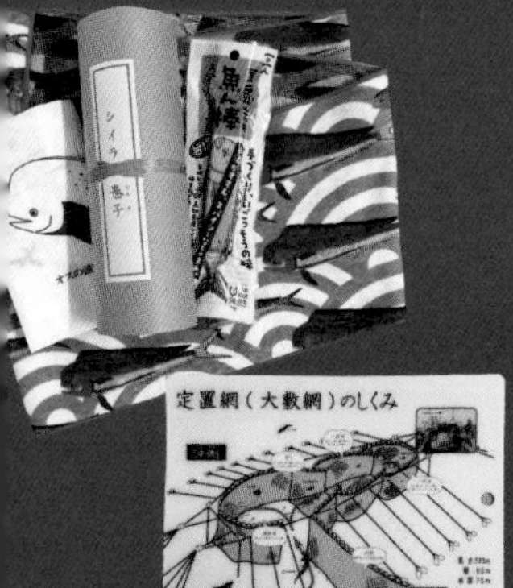

05 シイラ巻子＆定置網の図解下敷き

@むろと廃校水族館（138ページ）

シイラ巻子（かんす）はシイラをデザインした手ぬぐいとタオル、かまぼこの３点セット。タオルは、水揚げの前後で青から黄緑に体色が変わる様子を表裏で表現。かまぼこは室戸市内のかまぼこ店がシイラの身でつくった。一方の下敷きは、生き物の多くが近隣の定置網から来るむろと廃校水族館ならでは。簡易のまな板にもなる。

身に着けて出かけたい！

06 ジンベエザメなどをかたどった紅型プレートストラップ

@沖縄美ら海水族館（154ページ）

紅型（びんがた）は沖縄の伝統的な染色技法で、鮮やかな色彩が特徴。このストラップのチャームは、そのイメージをジンベエザメ、マンタ、イルカ、ウミガメのシルエットに重ね合わせている。アクリル製で軽いから、スマホやバッグに付けてご一緒に。

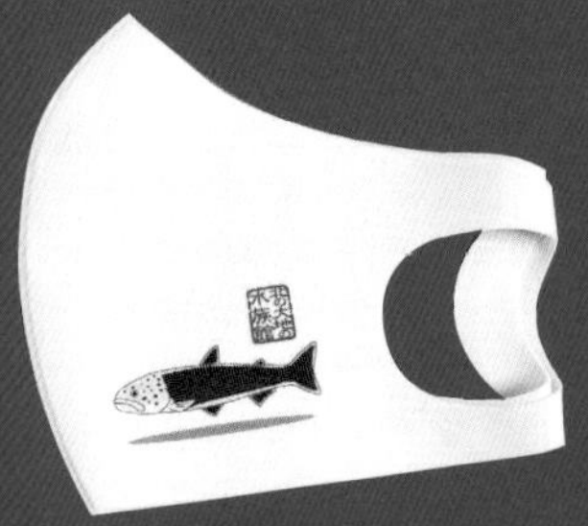

07 イトウのマスク

@北の大地の水族館（山の水族館）（198ページ）

もはや毎日の必需品となったマスク。白いマスクにワンポイントの魚のイラストは、北の大地の水族館の売りである「イトウ」。日本最大の淡水魚で、国内では北海道の一部にしか生息しない。しぶい！魚好きと話が弾むこと間違いなし。

北の大地の水族館のイトウ

体験も含めてお土産化！

08 シャチパフォーマンスのウオールステッカー

@鴨川シーワールド（56ページ）

鴨川シーワールドの名物であるシャチパフォーマンス。記憶に強く刻まれるのは、大迫力の水しぶきと、シャチの上に立つトレーナーのシルエット。そのシャチとトレーナーの雄姿を切り取ったウオールステッカー。スイッチプレートなどを水面に見立てて張ってみてはいかが。

鴨川シーワールドのシャチパフォーマンス

09 「大洋の航海者」の立体カード

@葛西臨海水族園（52ページ）

葛西臨海水族園の目玉の１つ、クロマグロが群泳する大水槽「大洋の航海者」。特徴的なドーナツ型水槽と、建物のシンボルであるガラスドームをポップアップで表現したポストカード。裏面にはメッセージを書き込むスペースがあり、閉じた状態で郵便物として投函できる。立てて飾ってよし、送ってよしの優れもの。

葛西臨海水族園の大水槽「大洋の航海者」（写真：葛西臨海水族園）

10 「九十九島湾大水槽」のイラストハンカチ

@九十九島水族館海きらら（148ページ）

九十九島水族館海きららの「九十九島湾大水槽」

九十九島水族館海きららの目玉である「九十九島湾大水槽」。自然光が降り注ぐその圧倒的な美しさを、イラストで表現したオリジナルハンカチ。写真ではなく絵にしたことで、記憶がより膨らむ。グッジョブ！

11 イルカモニュメントのメモ帳

@伊豆・三津シーパラダイス（86ページ）

セイウチの「うちっちー」をオリジナルキャラクターとする伊豆・三津シーパラダイス。様々なキャラクターグッズがあるなかで、敷地内のイルカモニュメントをモチーフにしたメモ帳に注目！ここは富士山をバックに記念写真が撮れる人気のフォトスポットなのだ。

イルカモニュメントの後方に富士山

とにかくキャラがかわいい！

12 「あわたん」のマスクケース

@新江ノ島水族館（62ページ）

新江ノ島水族館の公式キャラクター「あわたん」は2021年4月にデビュー。同館の生き物が出した泡から生まれたという「あわの妖精」だ。姿形は泡をモチーフに、尻尾は同館のロゴマークをかたどっている。場所を取らないマスクケースは値段もお手頃。

13 オリジナルキャラクターのグッズ各種

@城崎マリンワールド（112ページ）

城崎マリンワールドのオリジナルキャラクターは、チケットを皮切りに館内の看板などいろいろなところで活躍。セイウチやアシカ、ペンギンなどをモチーフにしていて、どれもちょっととぼけた表情でほっこり。家に連れて帰りたくなるでしょ？

14 オオサンショウウオ柄のトートバッグ

@京都水族館（108ページ）

京都水族館には同館のアイドル的存在（?）、オオサンショウウオのグッズがたくさん。このトートバッグは、SからXXLまで5サイズあるぬいぐるみのイラストをあしらったもの。LLサイズ（約90cm）のぬいぐるみが入る大容量だ。オオサンショウウオと桜がコラボしたしおりや、おみくじなども。おみくじは小吉でした。

15 書籍『サメのふしぎ とびだす！サメ肌図鑑』

@沖縄美ら海水族館（154ページ）

沖縄美ら海水族館オリジナル制作の書籍は、子ども向けだが大人も楽しめてオススメ。写真は書籍1作目『サメのふしぎ』のスピンオフで発刊されたもの。電子顕微鏡で撮影したサメの鱗（楯鱗）の3D画像を、付属の赤青メガネを使って見るという内容だ。表紙で驚いている女の子の名は「リン子どん」。彼女の詳細は160ページで。

Part2.

西へ、南へ

「伊豆・三津シーパラダイス」の「ショーステージ」（86ページ）

「山梨県立富士湧水の里水族館」の「横見水槽」（92ページ）

「名古屋港水族館」の「ウミガメ回遊水槽」（102ページ）

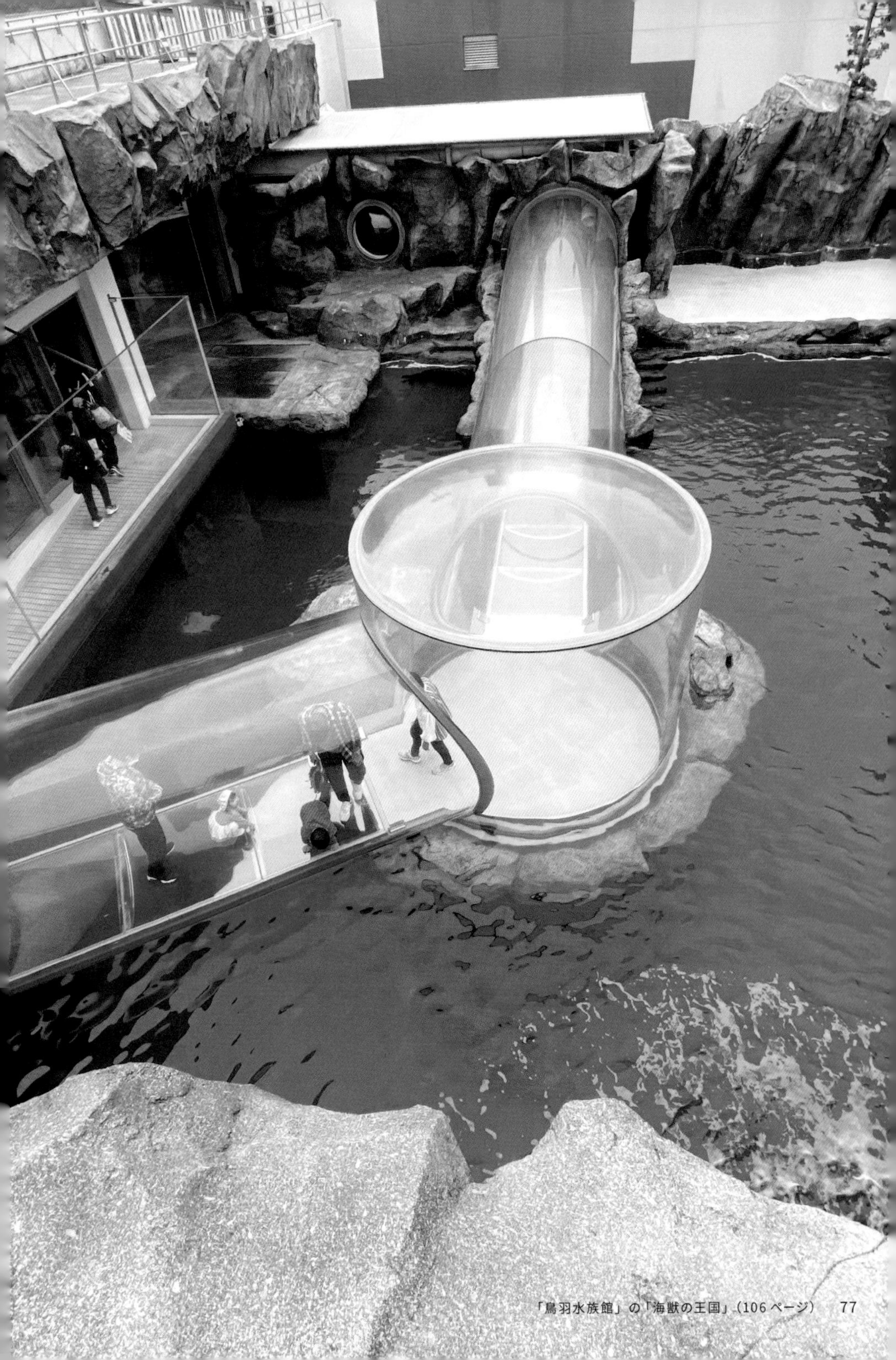

「鳥羽水族館」の「海獣の王国」（106ページ）

「京都水族館」の「京の川」（108ページ）

「城崎マリンワールド」の「フィッシング」（112ページ）

「海遊館」の「太平洋」（116ページ）

「AQUARIUM×ART átoa（アトア）」の「MIYABI 和と灯の間」（122ページ）

「四国水族館」の「海豚（イルカ）プール」（134ページ）

「マリンワールド海の中道」の「ペンギンの丘」（144ページ）

「九十九島水族館海きらら」の「九十九島湾大水槽」（148ページ）

「沖縄美ら海水族館」の「アクアルーム」（154ページ）

11 自然の入り江を生かす大胆な構成

伊豆・三津(みと)シーパラダイス

静岡県沼津市／1930年開館、現施設は1977年完成

［設計］清家清＋デザインシステム

［施工］清水建設

［階数］地上２階

［延べ面積］3441㎡

［総水量］1300トン

［所在地］静岡県沼津市内浦長浜3-1
［交通］伊豆箱根鉄道・伊豆長岡駅からバスで約25分
［公式サイト］https://www.mitosea.com/

1930年に日本で５番目に開館した中之島水族館が前身。開館当時からバンドウイルカを飼育し、その歴史は日本で最も古い。

富士山を望む風光明媚な三津浜にあり、建築家の清家清（1918～2005年）が主宰したデザインシステムの設計により、1977年に現在の姿に改築された。それまでは入り江を一部埋め立てて造成した敷地に立っていたが、清家はその入り江を元の海になるべく返すように復元。入り江をまたぐように、ダイナミックな鉄骨トラスからなる大スパン架構の主棟（当時は展望レストラン棟、現在はキッズコーナー）を架け渡した。施工の際はフレームを海上からクレーンで吊り上げて現場に設置したという。

入り江はそのままイルカの自然プールとし、それを囲むように低層の水族館棟や観覧席などを配置。現在はプールの隣に自然飼育場もあり、屋外展示の面積が非常に大きい。（N）

入り江の奥にあるショースタジアムから見た旧レストラン棟

水族館棟では細やかな展示

お魚POINT イルカ飼育発祥の地だけあって、イルカのパフォーマンスはショースタジアムと自然プール内のショーステージの２カ所で行われる。富士山をきれいに写真に収められる撮影スポットにはイルカのモニュメントもある。

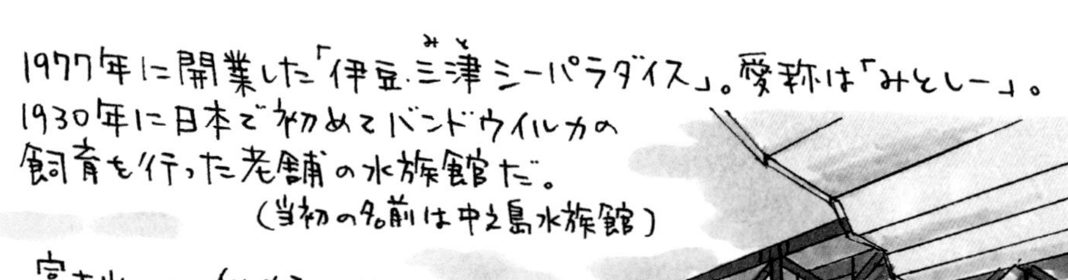

1977年に開業した「伊豆・三津(みと)シーパラダイス」。愛称は「みとしー」。
1930年に日本で初めてバンドウイルカの飼育を行った老舗の水族館だ。
(当初の名前は中之島水族館)

現建物の設計者は、清家(せいけ)清。
1918–2005
「違いがわかる男」のCM(1976年)でお茶の間にも浸透。

水族館の開館はそのテレビCMの翌年。「違いがわかる男」の設計は普通とは違う。まずは、屋外・屋内をスムーズに巡らせる配置計画に感心。

スタンド
海
ショースタジアム
イルカの海
入口棟
水族館棟
主棟(ブリッジ)

そして、建築的な目玉が「水族館棟」ではなく、空中ブリッジのような「主棟」であるところも普通ではない。
当初は食堂や観覧室だったが、現在はキッズコーナーやショップが入っている。

ショースタジアムから見る。

建設時は、海から吊り上げて設置。プレハブ工法を研究した清家清らしい!

12

日本で唯一、海の科学をテーマに

東海大学海洋科学博物館

静岡県静岡市清水区／1970年開館
[設計] 山田守建築事務所
[施工] 大成建設
[階数] 地下1階・地上3階
[延べ面積] 5701㎡
[総水量] 683.93トン

[所在地] 静岡県静岡市清水区三保2389
[交通] JR東海道線・清水駅から東海大学三保水族館行きのバスに乗車し終点下車
[公式サイト] https://www.umi.muse-tokai.jp/

東海大学海洋学部に付属する施設で、海に関する知識の普及を目的に一般公開している。

建物の設計を手掛けた山田守建築事務所は、建築家の山田守（1894～1966年）が開設した設計事務所。山田はモダニズム建築の旗手の1人で、代表作に日本武道館や京都タワーがある。東海大学の関連施設も多く設計した。山田は同大学の創設時に理事として施設建設に協力し、建設工学科の主任教授も務めた。

この博物館が完成したのは山田の没後だが、角を丸めた白い箱状の外観や、漏斗状に上部が広がる柱など、山田の代表的なデザイン・ボキャブラリーが随所に見られる。

子どもが見やすいように水槽手前の床を高くし、手すりで大人の動線と分けている

1階は水族館、2階は科学博物館

展示は1階の水族館部門と2階の科学博物館部門で構成。1階は中央に幅10m、奥行き

クマノミ育成の舞台裏も見せている

同館は1977年に世界で初めてカクレクマノミの繁殖・育成に成功。「くまのみ水族館」と名付けたクマノミの展示コーナーでは、ここで生まれたクマノミたちに会うことができる。

大水槽はアクリルガラスの幅 2.5m ごとに H 形鋼の垂直部材が立つ

屋外の津波実験水槽。実演を通して津波の仕組みを展示

隣接する東海大学自然史博物館（旧・人体科学博物館）

10m、高さ6m の大水槽があり、これは四方向アクリルガラスの水槽では日本最大級だ。水槽内では約 50 種 1000 個体以上の生き物を展示し、見る場所によって海中景観がサンゴ礁・海藻・砂底・岩礁に分かれる。壁際には水槽の上層を見渡せる観覧通路、水槽の下部には水槽内を見上げられるトンネル窓を設けている。

続く展示室では窓のような形状の水槽が波形に並び、駿河湾の生き物を展示する。さらに進むとクマノミの展示コーナーで、リング状の水槽を中央に設置。このコーナーの裏手に回ると、クマノミ育成の舞台裏も見られる。

2 階では、海中の音や色、水圧の解説、海洋調査で使われる機材の展示などがあり、海を多面的に知ることができる。海の生き物の動きをもとにつくられた機械生物も展示する。

隣接して立つ東海大学自然史博物館も山田守建築事務所の設計。併せて訪れたい。（N）

※東海大学海洋科学博物館および自然史博物館は、2023 年 3 月 31 日をもって有料入館を終了する予定（2022 年 6 月発表）

景勝地、三保の松原の突端にある「東海大学海洋科学博物館」。
開館は1970年。「古いし、大学の研究施設でしょ?」とあなどるなかれ。
水族館好きも、建築好きも、
行って損なしの
三ツ星水族館。

建築好きは、まず入り口の屋根に心もグッとつかまれる。四角い「じょうご」のようなユニットが、すき間をあけながら連続する。ネルヴィ(イタリアの構造家)を思わせる大胆かつ華麗な構造。

そして、水族館好きにはこの空間。2層吹き抜けの「海洋水槽」。
縦横10m×深さ6m。
厚さ15.6cmのアクリル板
をH形鋼で支える。

でかい!

シロワニ!

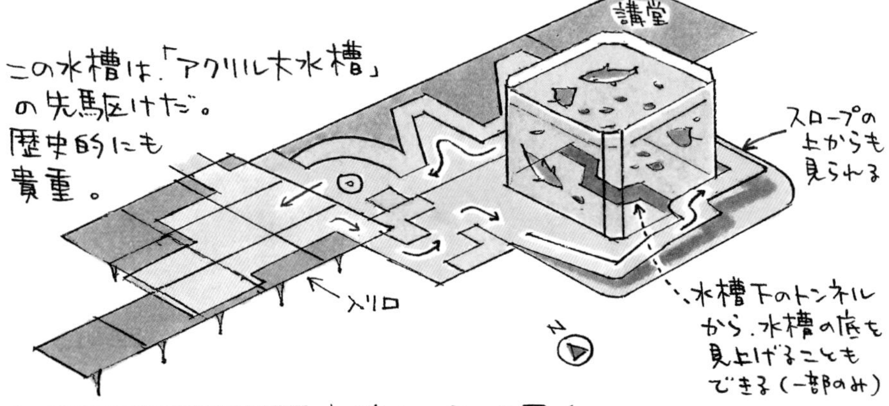

この水槽は「アクリル大水槽」
の先駆けだ。
歴史的にも
貴重。
講堂
スロープの
上からも
見られる
入口
水槽下のトンネル
から、水槽の底も
見上げることも
できる(一部のみ)

小技もいろいろ面白い。
◀ウツボトンネル　▼クマノミドーナツ水槽

うす気味悪い感じ
になりがちな標本
展示が、現代アート
のように美しい。

建物を設計したのは、
山田守建築事務所。
←山田守は、東海大学の
校舎を多数設計した。
この施設は山田の没後
に完成したものだが、
デザインはいかにも山田風。

1894-
1966

そして、南側にある「自然史博物館」
(1981年開館)はさらに山田色強し。
山田の代表作「東京中央電信
局」(1925年)にそっくり!

13

湧水の“かけ流し”で唯一無二

山梨県立富士湧水の里水族館

山梨県南都留郡忍野村／2001年開館

［設計］トライポッド・アーキテクツ＋飯田都之麿＋湯沢誠

［施工］コミヤマ工業・総合建設佐野建設JV

［階数］地下1階・地上2階

［延べ面積］1446㎡

［総水量］300トン

［所在地］山梨県南都留郡忍野村忍草3098-1
［交通］富士急行線・富士山駅からバスで20分、さかな公園下車徒歩3分
［公式サイト］http://www.morinonakano-suizokukan.com/

透明度の高い富士の湧水を使用した淡水魚専門の水族館である。開館は2001年。設計は、1997年に行われた設計コンペで当選した「トライポッド・アーキテクツ＋飯田都之麿＋湯沢誠」が担当した。

設計チームは、テーマパーク化が進む水族館に疑問を感じ、環境そのものの理解を深める「環境カプセルとしての水族館」を目指した。そうした意図は、入り口を入ってすぐの「横見水槽」を見れば説明を聞かずともわかる。

一見、自然光を取り入れた屋内水槽に見えるが、よく考えると、水面の向こうは屋内ではない。これはアクリル板を隔てて、外の池の断面を見ているのだ。この施設は、この展示も含めて、ろ過設備を一切使っていない。いわば富士の湧水の“かけ流し”。湧水の透明度の高さに驚かされる。

そして、目玉の「二重回遊水槽」へ。

外の池の断面を見る「横見水槽」。湧水の透明度にびっくり

横見水槽につながる屋外の池

二重回遊水槽の外側で泳ぐイトウ。サケ科のイトウは絶滅危惧種に指定され、その希少性から「幻の魚」と呼ばれる。成長すると1mを超えるが、成熟までに4～8年を要するため、河川開発などの影響を受けやすい。

2 階から二重回遊水槽を見下ろす。日曜日にはエサやりタイムも

多方向からドーナツ水槽を見る

ドーナツ型の回遊水槽は珍しくないが、この水槽はアクリル板で内•外に区切られている。外側にはイトウなどの大型魚、内側にはニジマスなどの若魚が泳ぐ。二重にしたのは大型魚が小型魚を捕食しないようにするため。この水槽は内側・外側から見ることができるほか、下部のトンネルから見上げることもできる。2階に上ると、ドーナツ型の全体像がわかる。

外観は水族館には珍しい板張り（イペ材)。1 階を鉄筋コンクリート造でがっちりつくり、2階は細い鉄骨を多用して軽やかにつくった。外観のデザインは、「森と池に囲まれた木とガラスの水族館」をイメージしたという。

総水量 300トンの小さな水族館だが、「ここにしかない」といえるユニークな施設だ。(M)

二重回遊水槽を外側から見る

二重回遊水槽を下部のトンネルから見上げる

小さな水族館は「そこにしかない見せ方」に特化したものが多い。
そんな中でも、この「山梨県立富士湧水の里水族館」は、まさに唯一無二。

場所は、山中湖と河口湖の中間あたりの森の中。

出だしから心をわしづかみにされる。
それはこの「横見水槽」。

何がすごいかというと…

これは正確には「水槽」ではなく、
屋外の「池」の断面を見ている。
そうとは思えない、水の透明感。

この施設では、富士山の湧き水を
"かけ流し"で使っている。何てぜいたく。
もし都会でこの透明度を保とうと
したら、とんでもない規模のろ過
装置が必要になるだろう。

淡水魚だけの水族館だが、意外な見せ方の連続で見飽きない。
施設の目玉は、この↓「二重回遊水槽」。

絵では伝わりづらいが、こういう形になっている。

内外が二重に仕切られたドーナツ型の水槽だ。内側には稚魚、外側には成魚が泳ぐ。それを外から見たり内側から見たり、さらには上から見たり↓、

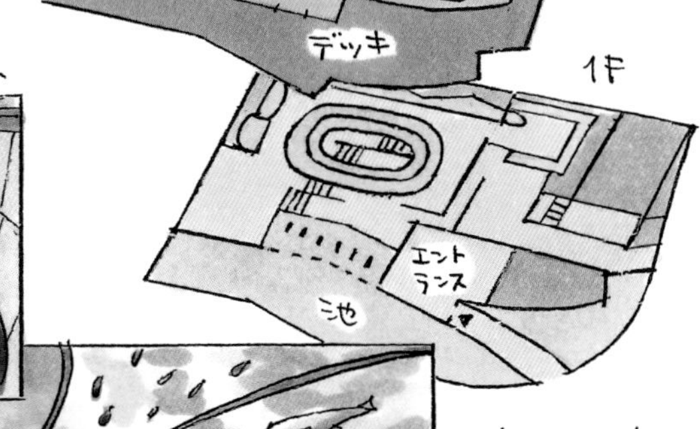

←下部のトンネルから見上げたり、と100%堪能。

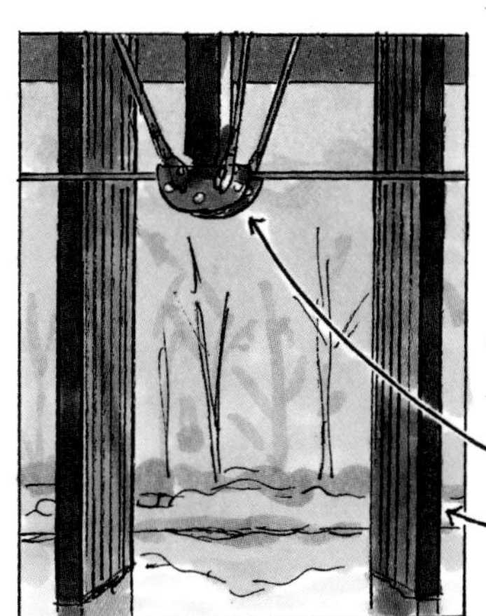

マニアックな話をすると、ディテールのデザインも凝りまくり。例えば、1階の横見水槽では、
ガラス（上部）とアクリルをつなぐ吊り金物、
木で仕上げた壁柱、などに注目。
子どもも大人も、建築マニアも楽しめる施設だ。

14

深層水使い、春には発光ショーも

ほたるいかミュージアム

富山県滑川市／1998年開館

**［設計］滑川市建設部＋
アーキテクチャー・ファクトリー**

［施工］フジタ・八倉巻建設JV

［規模］地上2階

［延べ面積］3667.02㎡

［総水量］不詳

［所在地］富山県滑川市中川原410
［交通］あいの風とやま鉄道・富山地方鉄道・滑川駅から徒歩約8分
［公式サイト］https://hotaruikamuseum.com/museum

富山県滑川市の海沿いに立つミュージアム。「道の駅 ウェーブパークなめりかわ」の構成施設の1つ。水量は多くないが、海洋深層水を利用した「深海不思議の泉」など、ここでしか見られない展示がある。

設計したのは、英国出身の建築家、トム・ヘネガン氏と日本の安藤和浩氏が共同主宰するアーキテクチャー・ファクトリー。施設は2階建てで、まず2階の映像展示室から見学。白い宇宙船が宙に浮かぶような不思議な形だ。設計者によると「泡」のイメージとのことだが、1階から見るとほたるいかにも似ている。

映像展示室の真下にある円形の水槽「深海不思議の泉」では、深海の生物に触れることができる。1階北側の「ライブシアター」では、3月下旬～5月下旬に、生きたほたるいかの発光ショーが行われる。水槽の網を引くと、刺激されたほたるいかが青白い光を放つ。（M）

宙に浮かぶ映像展示室。その真下に「深海不思議の泉」がある

深層水を使った「深海不思議の泉」。「ライブシアター」での発光ショーは残念ながら撮影禁止

お魚POINT　ほたるいかは深海200mから600mに生息する。回遊性の一年魚で、富山湾には産卵時期である3月から5月にかけてやってくる。全国に分布しているが、これほど大量に押し寄せるのは、日本だけでなく世界的にも珍しい。

まず、外観がかっこいい。宇宙戦艦ヤマト世代は、こういう形にグッとくる。

ほたるいかがモチーフかと思ったのだが、設計者によると「船」と「海」という。

おお、これか!
閉館まぎわのため、貸し切り

春限定の「ほたるいか発光ショー」が見たくて、春に見に行った。生きた姿が見られるのは春だけだ。

もう1つの目玉は、深海のカニやエビなどに触れることができるタッチプール。こちらは通年営業。

どちらも富山湾の深層水を使用。清浄で栄養豊富。

展示エリアからは海が全く見えない。それはこのレストランの感動を増すためかも。

ほたるいかのペペロンチーノ(期間限定)、おいしかった!

15

初のアクリルトンネルは今も主役

魚津水族館

富山県魚津市／1913年開館、現施設は1981年完成

［設計］環境設計事務所

［施工］佐藤工業・関口組・共同建設・千田建設・朝野工業JV

［階数］地上３階

［延べ面積］4170.41㎡

［総水量］445.8トン

［所在地］富山県魚津市三ケ1390
［交通］あいの風とやま鉄道・魚津駅からタクシーで約10分。同・東滑川駅から徒歩約20分。富山地方鉄道・電鉄魚津駅からタクシーで約７分
［公式サイト］https://www.uozu-aquarium.jp

富山湾大水槽のトンネル入り口。「日本で最初」という銘板

富山湾大水槽のトンネル内。鉄骨の太さに歴史を感じる

「現存最古の水族館」をうたう富山県魚津市の水族館。初代魚津水族館は今から100年以上前の大正２年（1913年）、北陸本線の全線開通を記念して開催された「一府八県連合共進会」の会場の１つとして建設された。これは日本海側で初の水族館だった。

現在の施設は、昭和56年（1981年）にオープンした3代目。それも既に40年以上がたつ。日本海側最大級の水族館として建設された３代目は、展示手法も先進的だった。水量240トンの富山湾大水槽では、全面アクリル製トンネルを日本で初めて設置。これは現在も同館の目玉で、トンネル入り口に「日本で最初」という銘板が誇らしげに設置されている。

創立100周年記念のリニューアル（2013年）では、水族館の裏方を見せる展示を導入。富山湾大水槽の上にネットを張って、子どもが入れるようにしているのにびっくり。（M）

トンネルのある富山湾大水槽では“富山湾の王者”ブリが群れを成して泳ぐ。ブリは成長とともに名前が変わる出世魚。地域によって呼び方が異なるが、富山では、コヅクラ→フクラギ→ガンド→ブリと呼び方が変わる。

地元のジンベエザメを間近で見る

のとじま水族館

石川県七尾市／1982年開館、ジンベエザメ館は2010年

［設計］サンキコンサルタンツ※
（※はジンベエザメ館、以下も同じ）

［施工］ハザマ・小倉・昭和JV※

［階数］地上2階※

［延べ面積］約1050㎡※

［総水量］1600トン※

［所在地］石川県七尾市能登島曲町15部40
［交通］のと鉄道・和倉温泉駅からバスで約30分
［公式サイト］https://www.notoaqua.jp

石川県・のとじま臨海公園にあるパビリオン型の水族館。開館は1982年。2010年に「ジンベエザメ館 青の世界」がオープンし、国内の水族館で4番目となるジンベエザメの展示が開始された。

ジンベエザメ館は入り口近くにある青い八角形の屋根の建物。敷地の高低差を利用して、水深6m・水量1600トンの大水槽の周りをスロープで下りながら見る。最初の部分では、狭いアクリル面をジンベエザメが横切るため、その近さにびっくりする。展示されているジンベエザメは、能登の近海で捕獲されたものだ。

イルカを下から見ることができるトンネル水槽「イルカたちの楽園」は長さ22m・水量1200トンで、西日本最大級。「海の自然生態館」では、高さ7m・幅12mの大水槽にイワシ約1万匹などが泳ぐ。マゼランペンギンの散歩もかわいい。（M）

ジンベエザメ館の最初の部分。狭いアクリル面を巨体が横切る

イルカが泳ぐトンネル水槽は長さ22m

お魚POINT ジンベエザメは夏から秋にかけて能登近海に回遊してくる。ここでは定置網に迷入した個体を展示している。この水槽では6mを超えると飼育困難になることから、大きくなると海に返し、別の個体と交換している。

17

60年の歴史と「海面浮遊」を体感

越前松島水族館

福井県坂井市／1959年開館、海洋館は2009年

[設計] 京福コミュニティサービス※、コジマ環境設計※（※は海洋館、以下も同じ）

[施工] 熊谷組※

[階数] 地上2階※

[延べ面積] 568㎡※

[総水量] 約4000トン（施設全体）

[所在地] 福井県坂井市三国町崎74-2-3
[交通] JR北陸本線・芦原温泉駅からバスで約30分
[公式サイト] https://www.echizen-aquarium.com/

景勝地、東尋坊のほど近くにあるパビリオン型の水族館。1959年（昭和34年）に開館し、60年以上の歴史を持つ。

特に歴史を感じるのが「おさかな館」だ。館の公式サイトにも「ちょっとレトロな雰囲気の、希少価値ある施設です」と書かれている。施設内には水族館の元祖的な展示である「汽車窓式水槽」が並ぶ。水槽の中の装飾はつくり物ではなく「本物の岩」を組み合わせたもの。ガラスは現在主流のアクリルではなく、強化ガラスを使用している。

2009年にオープンした「海洋館」には、館長発案のユニークな水槽、「さんごの海」がある。ガラス張りの水面の上を歩けるようになっており、さらに壁や天井が鏡面。「超異次元な海面浮遊体験」という触れ込みもウソではないレアな体験だ。海洋館には3000匹のイワシが泳ぐ「海洋大水槽」もある。（M）

60年以上の歴史を持つ「おさかな館」の汽車窓式水槽

海洋館の「さんごの海」。「超異次元な海面浮遊体験」は大げさではない

海洋館の海洋大水槽では、2階の水面上からエサやり体験ができる。館のサイトでは「お客様ご自身がイワシの群れをおもしろく動かすことができます」と説明。エサのペレットは1カップ100円、「いつでもOK♪」とのこと。

3 長良川を源流から下るように

世界淡水魚園水族館 アクア・トト ぎふ

岐阜県各務原市／2004年開館
［設計］安井建築設計事務所
［施工］鹿島建設
［階数］地上4階
［延べ面積］8411.10㎡
［総水量］約470トン

［所在地］岐阜県各務原市川島笠田町1453 河川環境楽園内
［交通］JR東海道本線・木曽川駅からタクシーで約15分、
または名鉄名古屋本線・笠松駅から岐阜バスで河川環境楽園下車すぐ
［公式サイト］https://aquatotto.com/

岐阜県が誇る長良川と世界の淡水魚を展示し、淡水魚に特化した水族館としては日本最大。木曽川の本川と北派川の間に位置する「河川環境楽園」の施設の1つである。

展示は最上階の4階から始まる。長良川源流の自然環境として滝や渓谷も再現した4階は、ガラス大屋根の空間で天井が高く、自然光が射し込む。水族館の自然環境をハイブリッド空調により一体化し、自然換気・自然採光と床吹き出し方式による居住域空調を併用しているという。3階は長良川上流から中流、下流、河口までを再現し、長良川の渓流を実際に下っている気分を味わえる。

2階は釧路湿原の展示から、世界の淡水を巡る展示へと続く。水槽を並べるだけではなく、メコン川畔の淡水魚博士の小屋をイメージした展示を交えるなど、ストーリー仕立てで飽きさせない。（N）

長良川の源流の自然環境を再現した最上階の4階

3階の長良川上流から中流。4階と吹き抜けで一部つながる

長良川の代表的な魚といえばアユで、もちろん飼育展示されている。自然界のアユは一生を約1年で全うするが、水族館では周年飼育が必要。そのため通年17度の水温と24時間照明で寿命を延ばしている。

19 国内最大級は見せ方もビッグ

名古屋港水族館

愛知県名古屋市港区／1992年開館、北館は2001年完成

［設計］名古屋港管理組合、大建設計

［施工］鹿島・大成・五洋・名工JV

［階数］地上4階

［延べ面積］4万1841㎡

［総水量］約2万7000トン

（写真：名古屋港水族館）

［所在地］ 愛知県名古屋市港区港町1-3
［交通］ 名港線・名古屋港駅から徒歩5分
［公式サイト］ https://nagoyaaqua.jp

名古屋市港区の名古屋港ガーデンふ頭に、1992年に開館した公立水族館。最初にできたのは球形のシアターが目印の南館。屋外のメインプールなどがある北館は、約10年後の2001年に完成した。両施設を合わせると延べ面積4万㎡超、総水量は2万7000トンで、面積・水量とも日本最大級を誇る。

規模が大きいだけでなく、見せ方のスケールも大きい。先にできた南館の目玉は「黒潮大水槽」。約3万5000尾のマイワシが群れをなす。音楽と水中照明を用いて幻想的に演出した「マイワシのトルネード」も人気だ。

黒潮大水槽も大きいが、スケールの大きさを印象づけるの「ウミガメ回遊水槽」だ。ウミガメの展示は、味気ない四角い箱の水槽が多いが、ここは巨大なドーナツ型の回遊水槽で、内部には海中の岩などが再現されている。アカウミガメやアオウミガメ、タイマイなどがゆ

南館の「ウミガメ回遊水槽」。こんなに大きいウミガメ水槽は珍しい

海底が再現された水槽を泳ぐウミガメ

お魚POINT　ウミガメ回遊水槽には、産卵のための人工砂浜があり、実際にここで繁殖に取り組んでいる。この水族館で1997年に生まれたアカウミガメが2020年に初産卵。2世代目に入りつつある。

北館のメインプールを観客席から見る

北館のメインプールの下にある水中観覧席

北館のシャチプールのシャチ（写真：名古屋港水族館）

うゆうと泳ぐ様子は、本当に海の中にいるよう。

水中観覧席も大迫力

スケールが大きいといえば、北館の巨大なメインプール。平面は60m×30mの楕円形で、深さが最大12mもある。水量は1万3400トン。約3000人収容の観客席の向かい側には、海を背景として大型モニターが設置され、イルカパフォーマンスを盛り上げる。

イルカパフォーマンスは、北館2階の水中観覧席で見ると、ジャンプに向かう前の力強い泳ぎがよくわかる。水中観覧席には縦4m、幅29mの巨大な観察窓がある。

メインプールの観客席からは、シャチの公開トレーニングも見られる。国内でシャチを飼育しているのは、名古屋港水族館と鴨川シーワールドの2カ所だけだ。

判官びいきは日本人のさがなのか、どうしても小さいものを応援したくなってしまう。なので、この「名古屋港水族館」は、正直、「大きいだけでしょ」と見くびっていた。…反省。「大きくないとできないこと」は確かにある！

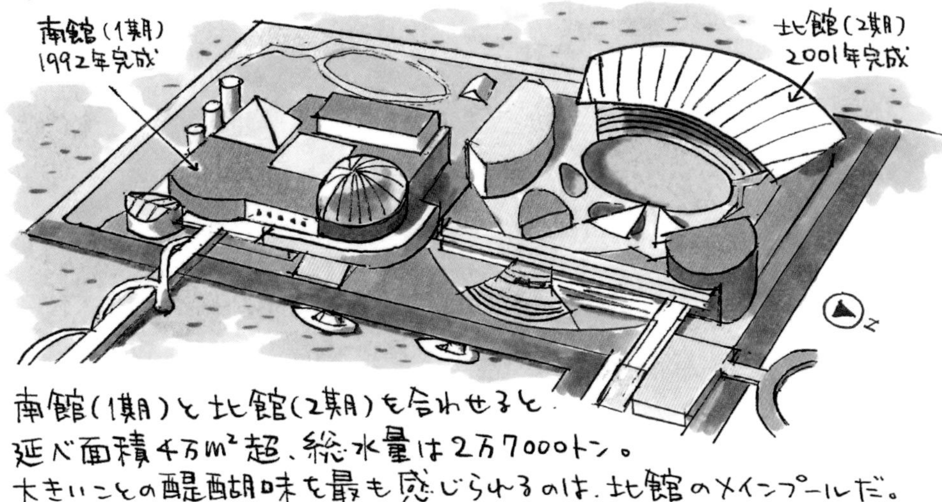

南館（1期）と北館（2期）を合わせると、
延べ面積4万m²超、総水量は2万7000トン。
大きいことの醍醐味を最も感じられるのは、北館のメインプールだ。

観客席は最大3000人収容。パフォーマンスが始まるときのカウントダウンは、野外フェス級の大迫力。

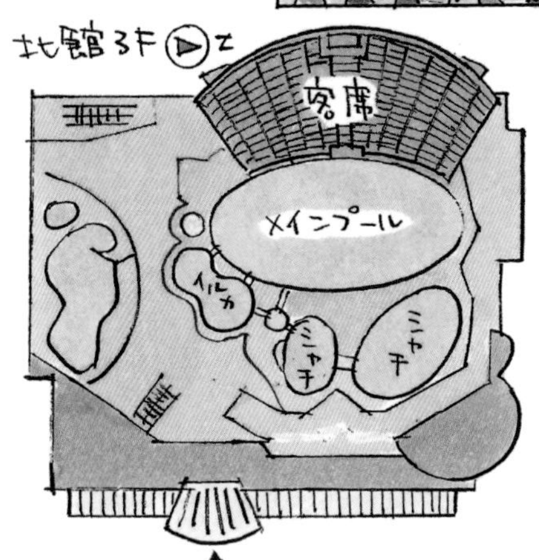

例えば、同じ縮尺でくらべると….

0 10 20 30m

「山梨県・富士湧水の里水族館」は、名古屋港水族館のメインプール（客席含む）にほぼ収まってしまう。

広さもすごいのだが、もう1つのポイントは深さ。
このプールは30m×60mの楕円形平面で、
深さが最大12mもある。しかも底面がすり鉢状。
ぜひ、2階の水中観覧席からも見てほしい。

イルカたちが見たことのない
猛スピードで泳いでいる。
こんな深いところまで……。
やっぱり小さいプールでは
実力をセーブしてるんだな。

速っ!

シャチプールも大きい。ちなみに日本
でシャチが見られるのは2館だけ。

← どちらも自然光が入るので、
晴れた日にはファンタジーのよう。

南館の「ウミガメ回遊水槽」もビッグ。
こんなゆうゆうと泳ぐ姿、初めて見た。

大きな水槽があまりにも多く、
「黒潮大水槽」も描くスペースが……。

マイワシのトルネードもお見逃しなく。

20

なんでもいる百科事典型水族館

鳥羽水族館

三重県鳥羽市／1955年開館、現施設は1994年完成

［設計］大成建設

［施工］大成建設

［階数］地上5階

［延べ面積］2万4170㎡

［総水量］約6000トン

［所在地］三重県鳥羽市鳥羽3-3-6
［交通］JR・近鉄鳥羽駅から徒歩約10分
［公式サイト］https://aquarium.co.jp

国内で唯一、ジュゴンが見られる「人魚の海」

「コーラルリーフ・ダイビング」は天井、前面、左右がアクリル

「飼育種類数日本一1200種」をうたう民間水族館。実際、「水族館」と聞いて思い浮かぶ生物のほとんどがここにいる。

1955年、ミキモト真珠島を訪れる観光客を楽しませようと、初代館長の故・中村楠雄氏が水族館を創設した。現在の建物は大成建設の設計・施工により、1990年に第1期部分が完成。1994年に全館が完成した。

飼育する1200種の中でも、「日本でここだけ」なのがジュゴン。メスのジュゴン、セレナは1987年にフィリピン政府から贈られた。

展示手法もアイデア満載だが、空間として特に面白いのは「コーラルリーフ・ダイビング」。水量800トンの大水槽を、水中に突き出した透明ブースから見る。海中トンネルは珍しくないが、ここは天井、前面、左右がアクリルでできた箱。その眺めは、SFの海中基地を思わせる。

「海獣の王国」（77ページ）や「奇跡の森」の展示方法も楽しい。（M）

お魚POINT

ジュゴンのセレナは2018年、ジュゴンの飼育日数世界記録を破り、現在も更新中。入館時は子どもで、体重67kgだったが、現在の体重は約380kg。年齢は推定36歳。ジュゴンの寿命は60～70歳といわれるので、まだまだ元気。

「飼育種類数日本一、約1200種」を掲げる鳥羽水族館。何でもいる!

現在の建物(1994年完成)は、ポストモダン風デザイン。

てっきり公共の水族館なのかと思っていたが、純然たる民間施設だという。

屋内型水族館では珍しい完全な自由動線。

2F
メインストリート
A B C D E F H I K L

12ゾーンのそれぞれが、小規模な水族館くらいのインパクトがある。

ジュゴン(人魚の海、H)

カピバラ(ジャングルワールド、F)

オウムガイ(古代の海、C)

目玉が多すぎるくらい。

2015年にオープンした「奇跡の森」(3階)では、床に小学生たちがへばりついていた。何してるの?

えっ、何?

そうか、ドクターフィッシュ!

これは確かに触りたくなるし、記憶にも残る。ナイスアイデア!

知っ得

ところで、この施設の創成期をけん引した中村幸昭氏(1928年生まれ)は、元・朝日新聞社の人だという。それを知って、この網羅性・客観性にも納得。

21

公園とつながる内陸型水族館

京都水族館

京都府京都市下京区／2012年開館
［設計］東洋設計事務所・大成建設
［施工］大成建設
［階数］地上3階
［延べ面積］1万974㎡
［総水量］約3000トン

（写真：近代建築社）

［所在地］京都府京都市下京区観喜寺町35-1（梅小路公園内）
［交通］京都駅中央口から西へ徒歩約15分、JR山陰本線・梅小路京都西駅から徒歩約7分
［公式サイト］https://www.kyoto-aquarium.com/

京都の市街地にある「梅小路公園」の一画に立つ。国内最大級の内陸型水族館であり、人工海水を100％使った国内初の水族館でもある。人工海水製造システムは、設計・施工を手掛けた大成建設の独自技術で、他にも節水型ろ過システムや熱源システムなどに先進技術を導入している。

建物は全長約170m。過半の展示空間を半屋外化し、また、公園側に水盤とガラスルーバーウオールによる境界を設け、それらを中間領域として緩やかに公園とつなげている。

導入部の「京の川」には、オオサンショウウオがどっさり

屋内外を行き来する観覧動線

展示は「京の川」から始まり、地元の鴨川に生息する国の特別天然記念物のオオサンショウウオが見られる。由良川の上流から下流までを表現した水槽もある。次はオットセイやア

半屋外にある円柱水槽にアザラシが時折、顔を出す

飼育されているオオサンショウウオは、鴨川水系で捕獲された個体。1970年代に輸入されたとされているチュウゴクオオサンショウウオ（外来種）との交雑が進み、日本固有種が減少しているという。

イルカスタジアムの背景には、芝生の公園が広がる。内陸型の水族館で、こんなに外が見えるショープールは珍しい

ザラシがいる半屋外空間で、再び屋内空間に入ると「京の海」大水槽の展示。同館最大、約500トンの人工海水からなる大水槽が現れる。

1階の展示が終わり半屋外に出てスロープを上ると、ペンギンの展示エリアだ。三方を囲む通路を歩くなかで、ガラスルーバーを通して公園側に視線が抜けたり、さっき通った1階の半屋外エリアを見下ろせたりする。

三たび屋内に入り、クラゲのエリアへ。西日本最多の約30種5000匹を展示し、360度パノラマの水槽もある。ここを抜けるとイルカスタジアム。展示テーマをわかりやすく体験できるようワンウェイ動線となっているが、リニューアルを見据えたショートカット動線も併設している。

順路の最後は「京の里山」。京都の里山の風景を再現し、設えた田んぼでは米や京野菜を育てているという。（N）

約500トンの人工海水からなる「京の海」大水槽

里山の風景を再現した「京の里山」（写真：京都水族館）

「梅小路公園」は、京都市が民間企業と連携して整備した、ニュータイプの都市公園。その目玉が、「京都鉄道博物館」(2016年開館)と、この「京都水族館」(2012年開館)だ。

梅小路京都西駅

梅小路公園

京都鉄道博物館

京都駅→

N

南側にはゆったりとした芝生広場が広がる。

外観は公園に西面して、分節化によりボリューム感を抑えたデザイン。

京都水族館

KYOTO AQUARIUM

民間がつくった水族館というと、派手派手しいものが思い浮かぶが、ここは一歩足を踏み入れると、その実直さが伝わる。

象徴的なのが、導入部の「京の川」。主役は魚ではなく、オオサンショウウオ。

オオサンショウウオが、こんなに山盛りに。子どもの目の高さなので、子どもたちが釘付け。

あ、ソファもオオサンショウウオ!

この施設は、展示の"つながり"がすごくナチュラル。
「京の川」のあとは、いったん屋外に出て、明るい光の中でオットセイやアザラシを見る。
アザラシ
京の川
2階
ペンギン
京の海
オットセイ・アザラシ
イルカスタジアム
京の川
京の里山
1階
再び屋内に入ると「京の海」大水槽がドーン!
ペンギンの足跡を追いながら、スロープで2階へ。
2階は小型水槽を並べて知識欲を刺激。
▲京都クラゲ研究部
(デザイン:電通ライブ)
小さな水槽を続けて見た後、一転してこの開放感。公園と連続するかのような「イルカスタジアム」。
満足して、さあ帰ろうか、と思った下りのスロープの先に、「京の里山」。地元の自然ってやっぱりいいなあ……と、自然に自然を考えさせる。
お見事!

22

端正な建物が複雑な海岸と一体化

城崎マリンワールド

兵庫県豊岡市／1934年開業、現施設は1994年～

[設計] 田岡陽一建築工房

[施工] 鴻池組

[階数] 地上２階、３階

[延べ面積] ２万㎡

[総水量] 7000トン

[所在地] 兵庫県豊岡市瀬戸1090
[交通] JR山陰本線・城崎温泉駅から日和山行きの全但バスで約10分、終点下車
[公式サイト] https://marineworld.hiyoriyama.co.jp/

日本海に面する日和山海岸にあり、複数に分かれる建物は段階的に完成した。最初は水族館本館の「シーズー」で1994年。この開業時に前身の日和山遊園から現名称に改称。その後は2000年に「ショースタジアム」と「ドルフィンタンク」と「フィッシング」からなる「シーランド」、2006年に「ダイブ」。これらの端正な建物はすべて、建築家の田岡陽一氏が設計を手掛けた。そしてシーズーの屋外水槽が2012年に「チューブ」として生まれ変わり、2019年に「日和山海岸ミュージアム」が新設された。

敷地の形状から、本館の３階が入り口となる。館内では３層吹き抜け空間に日本で最も深い水深12ｍの大水槽を配置。吹き抜けの壁際に設けられた階段はこの大水槽を間近に見る観覧動線を兼ね、来館者は大水槽を見ながら階段を下り、その途中で、個水槽が配置された各階の展示空間も自然に巡る流れだ。

入り組んだ海岸線に沿って配置

本館の外に続くチューブでは、膜屋根の下にペンギンやアシカ、アザラシのプールが並ぶ。2012年のリニューアルで長さ12ｍのチューブ水槽と地下通路が加わった。

ダイブはシーズーの本館を出てすぐのところにある。３つの展示があり、その１つでは、円形プール内を300匹のブリが群泳する様子を映像とともに観賞できる。

敷地は入り組んだ海岸線沿いで、シーランド他２つはシーズーの先の小さな岬を回った位置にある。シーランドは客席部分に膜構造の屋根を架けたショースタジアム。ドルフィンタンクは屋内空間で、様々な演出機器の収納装置を建築化。空間に視覚的な刺激を与えることを試みたものだ。（N）

お魚POINT

「ダイブ」屋内の円形プールでは300匹のブリによるパフォーマンス「フィッシュダンス」が行われる。ブリが泳ぐスピードは、通常は時速２～３km。最高速度は時速30kmを超えるそうで、思いのほか速い。

「シーズー」本館の大水槽。周りの階段と踊り場が観覧動線となる

「チューブ」などの半屋外空間に架けられた屋根はテフロン膜

屋外２つ、屋内１つの展示空間からなる「ダイブ」

客席とプールと海が一体になる「シーランド」。奥に続く建物がドルフィンタンク

「ダイブ」の屋内プールは中央のフロートが上下する

海に近い水族館は多いけれど、ここまで海をまぢかに感じられる
水族館は珍しい。「城崎マリンワールド」は、出入りの複雑な海岸
沿いにつくられた"パビリオン型"の水族館。
入り口からは施設の全貌が分からないけれど、
奥に進むにつれ、海との一体感に驚かされる。

入り口は3階。

海獣が集まる「チューブ」。

大自然

レストラン
チューブ
入り口
ダイブ
アジバー
フィッシング
シーズー
シーランド
スタジアム
ドルフィンタンク
ホテル金波楼
日和山海岸ミュージアム

西側エリアへの動線は、まさかの岩盤トンネル。

すごい動線

ここで再びテンションUP。まだまだ続く。

「イルカ・アシカショースタジアム」は海がバック。

ステージが漁港の設備みたいで萌える！

片隅に追いやられがちなタッチ水槽も、こんなにダイナミック！（＠ダイブ）

その奥にはイルカタッチプール。

海側から見ると、壁際まで波が打ち寄せていて、びっくり。

「水族館以上、であること」を掲げ、ここでしかできない体験を売りにするこの施設。

Q.では、このかっこいい屋根は何？

A. 答えは「釣り堀」。

金魚すくい感覚でアジを釣り、釣ったアジは隣の「アジバー」で天ぷらにして食べられる。

1934年（昭和9年）に開業した「日和（ひより）山遊園」を前身とするこの施設。釣ったアジを揚げて食べるのは長い伝統。まさに「水族館以上」！

23 新時代を切り開いたぐるぐる動線

海遊館

大阪府大阪市港区／1990年開館

［設計］ケンブリッジ・セブン・アソシエイツ、環境開発研究所

［施工］竹中・大林・鴻池JV

［階数］地上8階

［延べ面積］3万1044㎡

［総水量］1万1000トン

［所在地］大阪府大阪市港区海岸通1-1-10
［交通］大阪メトロ中央線・大阪港駅から徒歩約5分
［公式サイト］https://www.kaiyukan.com/

1990年に、大阪港の再開発「天保山ハーバービレッジ」の中核施設として開館した。設計はケンブリッジ・セブン・アソシエイツと環境開発研究所が担当した。ケンブリッジ・セブンは、水族館を数多く手掛ける米国の設計事務所だ（34ページ参照）。

建物は8階建て。国内では珍しい積層型の水族館だ。上部のガラスボックスの透明部分は空を、基部の赤は火を、下部の青は海を表している。これは展示テーマである「リング・オブ・ファイア（環太平洋火山帯）」「リング・オブ・ライフ（環太平洋生命帯）」という2つの輪を外観に重ねたものでもある。

入館するとエスカレーターで最上階の8階に導かれる。そこはガラス屋根で覆われたジャングルのような空間。カワウソがいる「日本の森」、アシカが岩場をすり抜ける「モンタレー湾」、イルカが自然光の中を泳ぐ「タスマン海」など、8階、7階とスロープで巡った後、海中のゾーンへと下りていく。

大水槽をぐるぐる巡る

6階から下は、ケンブリッジ・セブンが得意とする「大水槽の周りをぐるぐる巡りながら下りる」構成だ。中心にある「太平洋」水槽は水量5400トンの十字型で、完成当時としては世界最大。自然光と人工照明を組み合わせ、太平洋の海中を再現した。

主役はジンベエザメだ。3層分を徐々に下りながら進むので、様々な位置・角度からジンベエザメを見ることができる。

「太平洋」水槽の周囲にはマンボウの水槽や、イワシが群泳する「チリの岩礁地帯」、「日本海溝」などがある。3階には、2018年に「海月（くらげ）銀河」ができた。（M）

海遊館のジンベエザメは、高知県・足摺岬周辺の海で、漁師の網にかかったものを輸送することが多い。高知県には関連施設の以布利センターがあり、海遊館で展示する生物の収集や飼育、調査研究を行っている。

「太平洋」大水槽をゆうゆうと泳ぐジンベエザメとシュモクザメ。ホシエイやアカエイなど、エイ類も多い

最初の展示は8階の「日本の森」

大水槽の周りをスロープで下りながら見る

アシカが岩場をすり抜ける「モンタレー湾」

マンボウの水槽

「海遊館」をリポートする前に、設計の中心になったケンブリッジ・セブンという設計事務所について知ってほしい。ピーター・シャマイエフ率いるケンブリッジ・セブン（米国）は、水族館の建築レベルを底上げした立役者だ。

P.シャマイエフ 1936－

1つは「大水槽の周りをらせん状に下りる」という見せ方を生み出したこと。

◀ニューイングランド水族館（1969年）の館内。

もう1つは、ガラスを多用した現代的デザインを世に示したこと。

ボルチモア国立水族館（1981年）▶

▼テネシー水族館（1992年）

そして、我らが「海遊館」（1990年）。いかにも、ケンブリッジ・セブン流。

外観は都会的でありながら、低層部の魚の絵が、子どもたちにも楽しい。

正面から見ると、懐しのヒーローにも見え、大人もちょっとうれしい。（私だけか？）

エスカレーターで8階に上り、十字形の「太平洋」大水槽の周りをぐるぐる回りながら下りる。

イルカやアシカは、ガラス屋根の最上階にいる。イルカを序盤に見る水族館は珍しい。ぜい沢な前座？

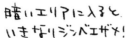

暗いエリアに入ると、いきなりジンベエザメ！

わっ、
びっくりした

その後もジンベエザメは何度も見られるので安心を。

大水槽の周りに中小の水槽が配置されており、常に両側の水槽をキョロキョロ。

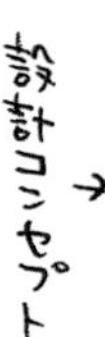
設計コンセプト→

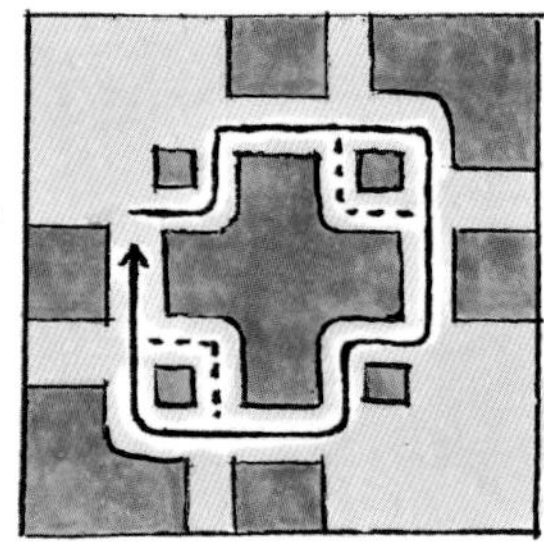

キョロキョロ
こっちはマンボウ

妄想

室内のエリアが長いので、正直、終盤はちょっとつかれてくる。いつかリニューアルするときには中盤に屋外エリアをつくってほしい！

24 小型の鯨類に特化した大水槽

太地町立くじらの博物館 海洋水族館マリナリュウム

和歌山県東牟婁郡太地町／1971年開館

［設計］喜治繁次（当初）、
大建設計（1996年の改修）

［施工］奥村組

［階数］地上2階

［延べ面積］865㎡

［総水量］620トン

［所在地］和歌山県東牟婁郡太地町太地2934-2
［交通］JR太地駅から太地町営じゅんかんバスで約10分
［公式サイト］http://www.kujirakan.jp/

1996年の大規模改修でトンネル水槽になった

イルカショープール。奥に見えるのはシロナガスクジラの全身骨格標本

博物館本館、イルカショープール、自然プールなどで構成される施設内にある。建物の中央に円筒形の大水槽を配置し、そこでは小型のイルカやクジラを飼育展示。珍しいアルビノ（先天性色素欠乏症）のバンドウイルカもいて、展示鯨種数は世界最多だ。この大水槽は1階ではトンネル式通路で下から、2階では側面から、屋上では上から見られるようになっている。また、2階では大水槽を囲んで29個の小型水槽に、太地周辺の魚類や甲殻類、クラゲなども飼育展示している。

博物館本館は、吹き抜けの大ホールに実物大のセミクジラの模型があるほか、鯨類の骨格標本などを展示。400年以上、鯨と深く関わってきた太地町ならではの捕鯨に関する貴重な資料も。同館名物のクジラショーは、入り江を仕切ってつくった自然プールの一角で行われる。（N）

お魚POINT 海洋水族館でひときわ目を引くのが、2014年に捕獲されたアルビノのバンドウイルカだ。他の鯨類と一緒に大切に育てられ、水槽内を元気に泳ぎ回っている。

5

海中景観を自然のままの姿で

串本海中公園 水族館

和歌山県東牟婁郡串本町／1971年開館
現施設は1987年完成

[設計] 大建設計

[施工] 大林組

[階数] 地上3階

[延べ面積] 3387㎡

[総水量] 約2000トン

（写真：串本海中公園水族館）

[所在地] 和歌山県東牟婁郡串本町有田1157
[交通] JR串本駅から無料送迎バスで12～13分、
または串本町コミュニティバスで海中公園前下車、徒歩すぐ
[公式サイト] https://www.kushimoto.co.jp/

日本で最初に指定された海中公園地区内にある。公園内には海中展望塔や半潜水型海中観光船もあり、水族館はそれらで串本の海を楽しむに当たっての予備体験の場という位置付け。そのため串本の海に住む生き物に絞って展示する。2022年4月に、玄関水槽やウミガメプールデッキなどを一新した。

串本海中公園一帯は黒潮の影響でテーブルサンゴが群生。群生地としては世界最北限といわれる。他にも稀少なサンゴ群集が生息することから、水族館の導入ゾーンの大水槽では、サンゴが生い茂る熱帯色豊かな、目の前の海を再現。また、最後の水中トンネルは日本で3番目につくられたもので、長さ24mのトンネルが通る水量1250トンの大水槽は、現在の建物が竣工した当時は国内最大だった。この水槽ではサメやエイなどの大型回遊魚、メジナやアジなどの魚群が泳ぎ回っている。（N）

サンゴ群集が生息する眼前の海を再現した大水槽

海中展望塔とはブリッジで結ばれている
（写真：串本海中公園水族館）

お魚POINT 水槽の多くに、黄黒の縞模様のあるカゴカキダイが入っている。これは水槽内で繁殖する強力な有害生物を、薬を使わず、この魚に食べさせて防除するため。串本周辺では普通に見られる魚で、串本海中公園のシンボルにもなっている。

26 デジタル×自然で意外な緩急

AQUARIUM×ART átoa（アトア）

兵庫県神戸市中央区／2021年開館
［設計］大成建設
［施工］大成建設
［階数］地上4階
［延べ面積］約7283㎡（うち水族館5780㎡）
［総水量］約250トン

（写真：大成建設）

［所在地］兵庫県神戸市中央区新港町7-2
［交通］各線・三宮駅から徒歩約18分。各線・元町駅から徒歩約15分。
神姫バス・三宮駅前よりポートループもしくはポートアイランド方面行きで新港町下車すぐ
［公式サイト］https://atoa-kobe.jp

2021年10月に神戸・新港突堤西地区（神戸市中央区）に開館した「átoa（アトア）」。新築された「神戸ポートミュージアム（KPM）」の核施設だ（1階の一部と2～4階）。デジタルアートや映像を駆使した空間の中に、約100種類の生物を展示している。水族館を含む建物全体の設計・施工は大成建設が担当した。

入り口は2階にあり、3階、4階と上って、最後に1階のショップでお土産を買って帰る、という動線。入り口を入ってすぐの所にある「CAVE はじまりの洞窟」では、目もくらむような LED 照明の魚群が出迎える。鏡張りの暗い空間にぼんやり浮かび上がる水槽の中は、小さな熱帯魚たち。「ここは普通の水族館ではない」ということを強烈に印象づける。

展示に緩急をつける、という意図なのだろう。続く「MARINE NOTE 生命のゆらぎ」は一転して、白一色の部屋に円柱形の大小の水槽が並ぶ。それ自体がアート作品のようだ。

ガラス床の下にコイの池

「これぞデジタル」といえそうなのが3階の2つの展示。「MIYABI 和と灯の間」では、日本風の空間全体が映像で覆われる。足元を見ると、ガラス床の下をコイが泳ぐ。まるで幽体離脱して日本庭園の上を浮遊しているかのようだ。

日本の後は、宇宙。「PLANETS 奇跡の惑星」では、日本最大級（直径3m）の球体水槽を中心に、床に埋めた光ファイバーと天井のレーザー光線で宇宙体験を演出する。

4階「SKYSHORE 空辺の庭」は、コツメカワウソやカピバラなどの屋外展示。生きものの展示はここで終わりだが、“最後の展示”といえるのは、階段を上った展望デッキから見える神戸港の風景だ。（M）

お魚POINT 先端的なデジタル演出をたっぷり見た後で、“癒し”の存在となっているのが4階のカピバラ。大きな水槽の縁の部分に、ちょこんとたたずんでいる。ちょうど目の高さに近く、間近でじっくり観察できる。

3 階の「MIYABI 和と灯の間」。ガラス床のすぐ下をコイが泳ぐ

導入部（2 階）の「CAVE はじまりの洞窟」

3 階「PLANETS 奇跡の惑星」の球体水槽

2 階の「MARINE NOTE 生命のゆらぎ」

4 階「SKYSHORE 空辺の庭」のカピバラ

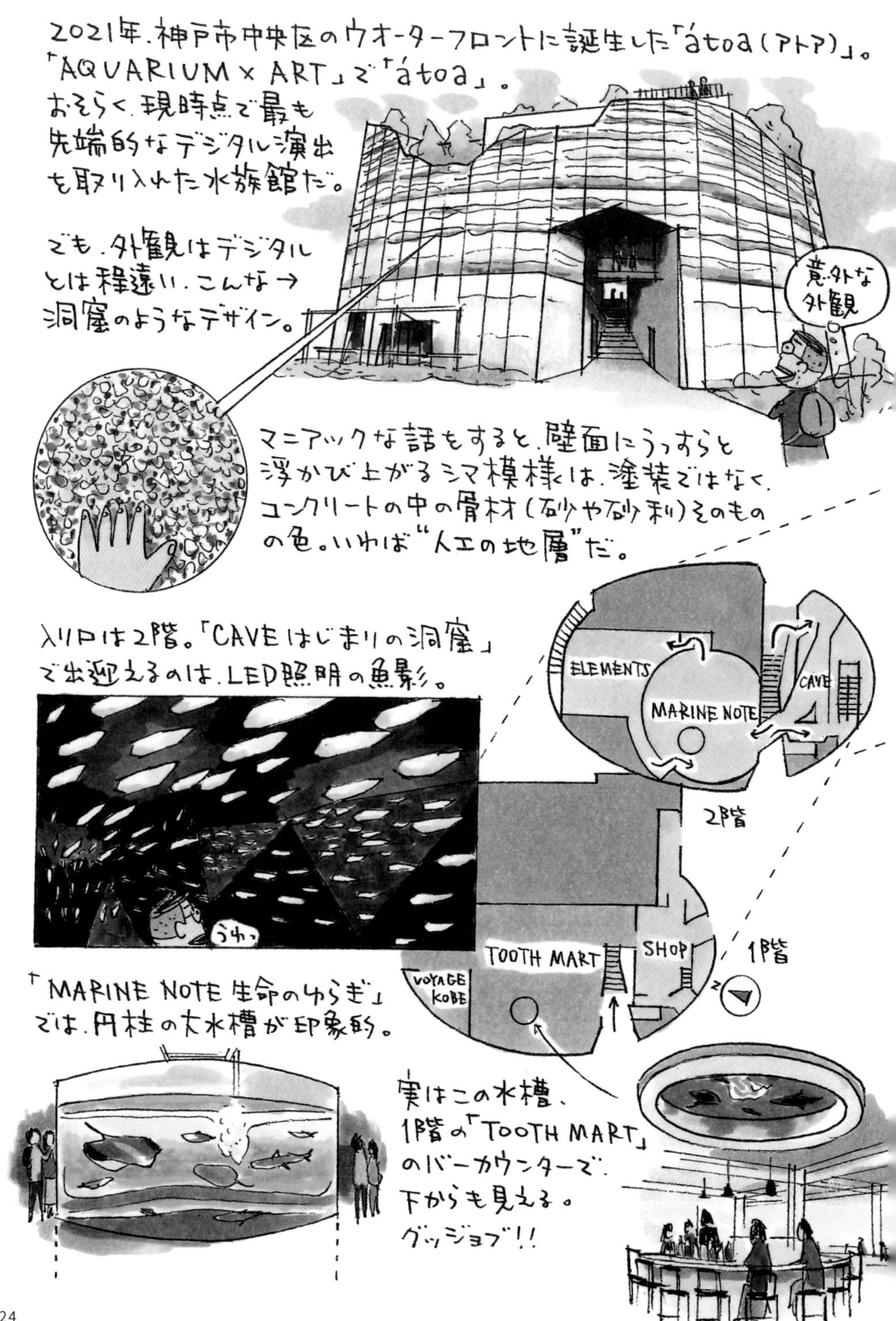
2021年、神戸市中央区のウオーターフロントに誕生した「atoa（アトア）」。
「AQUARIUM×ART」で「atoa」。
おそらく、現時点で最も先端的なデジタル演出も取り入れた水族館だ。
でも、外観はデジタルとは程遠い。こんな→洞窟のようなデザイン。
意外な外観
マニアックな話もすると、壁面にうっすらと浮かび上がるシマ模様は、塗装ではなく、コンクリートの中の骨材（砂や砂利）そのものの色。いわば"人工の地層"だ。
入り口は2階。「CAVE はじまりの洞窟」で出迎えるのは、LED照明の魚影。
うわっ
ELEMENTS
MARINE NOTE
CAVE
2階
TOOTH MART
SHOP
1階
VOYAGE KOBE
「MARINE NOTE 生命のゆらぎ」では、円柱の大水槽が印象的。
実はこの水槽、1階の「TOOTH MART」のバーカウンターで、下からも見える。
グッジョブ!!

目玉の展示は3階。まずは「MIYABI 和と灯の間」で映像のシャワーを。

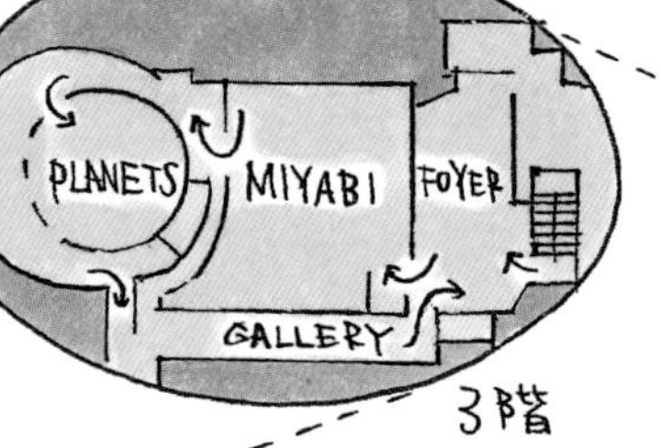

続く「PLANETS 奇跡の惑星」では、国内最大級の球体水槽を中心に、飛び交うレーザー光線で宇宙体験。

SKYSHORE

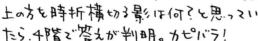

ROOF TOP

4階（屋外）

「FOYER 探求の室」には、オーバーハング水槽。

上の方を時折横切る影は何？と思っていたら、4階で答えが判明。カピバラ！

最後は展望台に上って、神戸港を一望。海風が心地いい！

建物内でたっぷりとデジタルを浴びるのは、この爽快感のため？

27 水族館と震災の歴史を伝える

神戸市立須磨海浜水族園

兵庫県神戸市須磨区／1987年開館
［設計］大建設計
［施工］飛鳥建設
［階数］地下1階・地上3階
［延べ面積］8247㎡（本館）
［総水量］3200トン

［所在地］兵庫県神戸市須磨区若宮町1-3-5
［交通］JR・須磨海浜公園駅から徒歩5分、山陽電鉄・月見山駅から徒歩10分
［公式サイト］https://kobe-sumasui.jp/

神戸市須磨区の海岸沿いにある「神戸市立須磨海浜水族園」。愛称は「スマスイ」。日本初の本格的水族館といわれる「和田岬水族館」（1897年）を前身とする歴史の古い水族館だ。現在の名称と建物になったのは1987年だ。

本館は2つの三角屋根が蝶ネクタイのようにつながった形。大型水族館ブームの先駆けとして、完成当時「東洋一」とうたわれた水量1200トンの「波の大水槽」が目玉。にぎやかな屋上の展示も楽しい。本館の他に、いくつかの建物に分かれた分棟型水族館だったが、現在は本館だけが残っている。

1995年の阪神・淡路大震災では、停電や断水により、飼育生物の半数以上を失った。それでも、スタッフの努力と多くの水族館からの支援により、被災から約3カ月後に営業を再開した。

本館の営業は2023年5月まで。敷地内に新施設が建設中で、2024年春に開館予定。（M）

本館1階の大空間にある「波の大水槽」

「波の大水槽」は2階に上ると水面が見える

お魚POINT 屋上には「水辺のふれあい遊園」があり、ペンギンやアザラシ、ウミガメなどをかなり間近で観察できる。タッチングプールではガラ・ルファ（ドクターフィッシュ）のほか、エイにも触れることができる。

3

旅館と見まがう瓦屋根の水族館

みやじマリン 宮島水族館

広島県廿日市市／1959年開館、
現施設は2011年完成

[設計] 大建設計

[施工] 五洋建設・増岡組・伏光組建設JV

[階数] 地上2階

[延べ面積] 6020㎡

[総水量] 2072トン

［所在地］ 広島県廿日市市宮島町10-3
［交通］ JR宮島口駅・広電宮島口駅から徒歩5分、宮島口桟橋でフェリーに乗り、約10分で宮島桟橋。そこから徒歩25分、もしくは乗り合いバス10分
［公式サイト］ https://www.miyajima-aqua.jp

嚴島神社で知られる宮島（広島県廿日市市）にある市所有の水族館。1959年開館と歴史は古い。現施設は2011年完成。廿日市市初のPFI事業で、五洋建設を中心とするグループが再整備し、完成後の維持管理も行っている。

建物は2階建て。敷地は風致地区などの指定地区。宮島の景観になじむよう「和」を意識したデザイン。瓦屋根をふいたベージュ色の建物は、一見すると旅館のよう。ライブプールも、客席の屋根が瓦ぶきで珍しい。

アシカのショーが行われるライブプールも、屋根が瓦ぶき

展示は瀬戸内海を中心とした構成。入ってすぐの「宮島の干潟」では、希少なミヤジマトンボの成体とヤゴ（幼虫）の実物大レプリカを展示。2層を貫く「海のめぐみ」の水槽は、2階からは水槽水面に浮かぶいかだの竹組みを、1階からはカキの連なる様子を見ることができる。これは、「カキいかだ」と呼ばれるカキの養殖の状態を再現したものだ。（M）

「カキいかだ」を再現した「海のめぐみ」

お魚POINT 導入部で展示されているミヤジマトンボは、世界に2カ所、宮島と香港にしか生息していない。シオカラトンボの仲間で体長は5㎝ほど。絶滅が危惧されており、館では保護活動に取り組んでいる。

29
人気のシロイルカはサメの中

島根県立しまね海洋館アクアス

島根県浜田市／2000年開館

［設計］都市基盤整備公団、日建設計

［施工］竹中工務店・奥村組・カナツJV（本館）、井原組・佐々木組 JV（ペンギン館）、宮田建設工業・本川建設 JV（シロイルカ保護繁殖施設）

［階数］地下1階・地上3階

［延べ面積］1万6244.06㎡

［総水量］約4430トン

［所在地］島根県浜田市久代町1117-2
［交通］JR山陰本線・波子駅から徒歩12分
［公式サイト］https://aquas.or.jp

2000年に島根県浜田市と江津市にまたがる島根県立石見海浜公園に開館した。日本海側では最大規模。設計の中心になったのは日建設計。全体のシルエットは、出雲の神話に登場するサメをイメージしており、地域の特産品である石州瓦や福光石を要所に使用している。

この水族館はシロイルカ（ベルーガ）の「幸せのバブルリング」® と呼ばれるパフォーマンスで注目され、2007年にソフトバンクのテレビCMで全国に知られるようになった。シロイルカは施設中央のパフォーマンスプールと、別館の繁殖プールの2カ所で見ることができる。国内でシロイルカがいるのは4施設のみ。

外観のモチーフとなっているサメは、序盤の「神話の海」にいる。水量1000トンの大水槽で、海底トンネルがある。

終盤のペンギンの展示も、2層を貫く立体的な水槽の見せ方が面白い。（M）

シロイルカのパフォーマンスプール

ペンギン館の1階部分。上部がオーバーハングしている

シロイルカのバブルリングが誕生したのは2005年ごろ。2頭がリングをつくって遊んでいるのを飼育員が発見。半年ほど観察を続けて仕組みを理解し、トレーニングを重ねてパフォーマンスに至った。

シロイルカ（ベルーガ）のバブルリングで全国的に有名になった「しまね海洋館アクアス」（2000年開館）。

外観は明らかに海洋生物。これってシロイルカ？

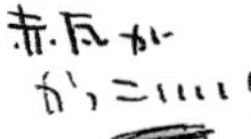

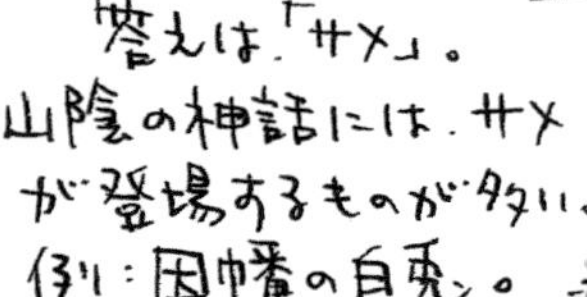

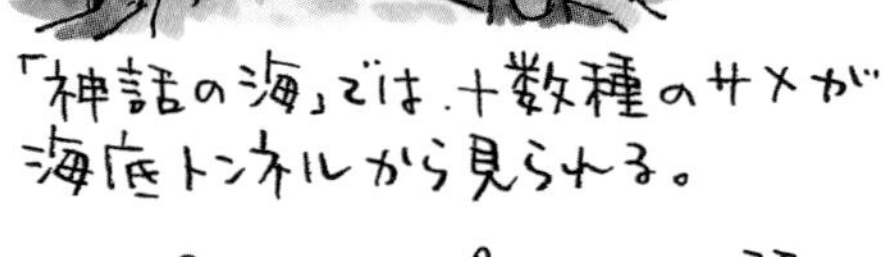

答えは「サメ」。
山陰の神話には、サメ
が登場するものが多い。
例：因幡の白兎。

「神話の海」では、十数種のサメが
海底トンネルから見られる。

パフォーマンスプールには、2頭のシロイルカ。パフォーマンスがないときにも人の方に寄ってくる。

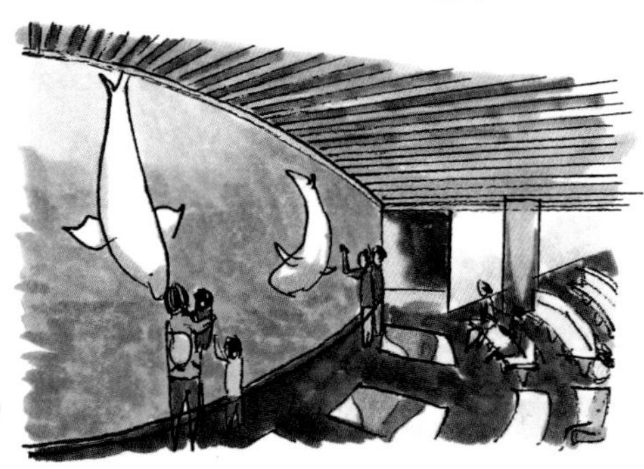

ペンギン水槽は、断面がこんな逆L字形→。1階から見上げたり…

2階から水上や陸上の様子を眺めたり、のほか…

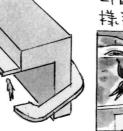

ちょうどいい高さ！

スロープからは水槽の側面も見える。全方位対応。

30 クジラ屋根の下でイルカが舞う

下関市立しものせき水族館 海響館

山口県下関市／2001年開館
[設計] 日本設計
[施工] 五洋・福永・寿JV
[規模] 地上4階
[延べ面積] 1万4400㎡
[総水量] 3200トン

[所在地] 山口県下関市あるかぽーと6-1
[交通] JR・下関駅からバスで約10分
[公式サイト] http://www.kaikyokan.com/

下関市唐戸地区の「あるかぽーと」に、2001年に開館した水族館。同市には長府地区に1956年に開館した市立水族館があったが、ウオーターフロント開発の一環として現在地に移転新築された。設計したのは日本設計。

かつて捕鯨の基地として栄えた下関には、水族館とは別に「鯨館」という施設があった。設計者は、クジラの形をしたこの施設のイメージも参考に、屋根をクジラをイメージさせる流線形にした。

大階段を上って2階から館内に入り、さらにスロープエスカレーターで4階へ。すると、背景に関門海峡が広がる「関門海峡潮流水槽」が出迎える。海中トンネルで水槽を下から見上げながら3階へ。3階には、世界でも最多級となる約100種類のフグ目魚類を展示している。

フグエリアを抜けると、大屋根が架かる半屋外に出る。大屋根の下には屋上広場とタッ

導入部の関門海峡潮流水槽

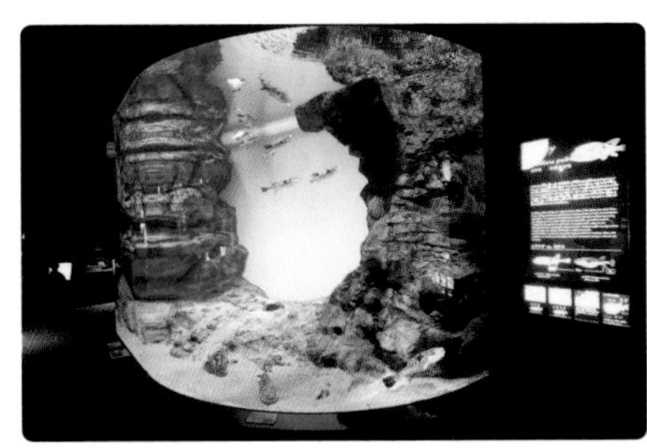

トラフグだけでこんなに大きな水槽

お魚POINT フグエリアの中でも大きな水槽がトラフグ専用水槽だ。食用フグの中でも大型のフグで、味も良く、「フグの王様」と呼ばれる。養殖もされているが、実は気性が荒く、寄生虫が付きやすいなど、飼育は難しいという。

大屋根の下のアクアシアター。プールはさほど大きくないが、イルカとアシカの「共演ショー」がユニーク

チングプール、アクアシアターがある。アクアシアターではイルカとアシカの共演ショーが見られる。2階には、スナメリ、アザラシ、干潟の生き物、クラゲなど、大小様々な展示が連なる。

増築された「ペンギン村」も圧巻

2010年、アクアシアターの西側に「ペンギン村」が増築された。日本最大級のペンギン展示施設で、大きく2つのエリアで構成される。

1つは屋内の亜南極ゾーン。ジェンツーペンギンやキングペンギンなどが、最大水深6mのプールの中を飛ぶように泳ぐ。その様子は水中トンネルからも見られる。もう1つは屋外主体の温帯ゾーン。ガラスで仕切られた亜南極ゾーンとは違い、ここではフンボルトペンギンを目と鼻の先で観察できる。(M)

ペンギン村の亜南極ゾーン。最大水深6mのプールの下に水中トンネル

ペンギン村の温帯ゾーン越しに水族館の屋根を見る

かつて捕鯨で栄えた下関には、
「鯨館」という施設があった。
（2000年に閉館。建物は今もある）

これは誰が見ても
クジラ!!

2001年に開館した「下関市立しものせき水族館 海響館」は、
そのイメージをオシャレに引き継いでいる。

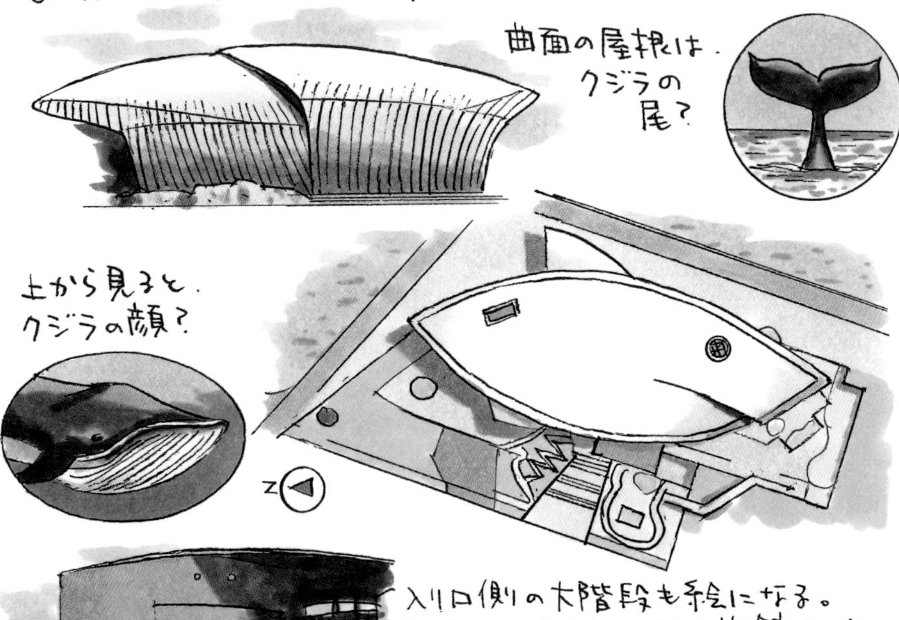

曲面の屋根は、
クジラの
尾？

上から見ると、
クジラの顔？

入り口側の大階段も絵になる。
「外観を描きたくなる水族館」ランキングでは日本一！（筆者独断）

"クジラの目"の下にあるのは、
「アクアシアター」という名の
ショープール。
関門海峡が見えて
気持ちいい。

見学ルートの序盤は、フグざんまい。
約100種を展示しており、
フグ類の展示では世界一という。
さすがフグの本場。

飼育展示の歴史が古い
ペンギンへの力の入れようもすごい。

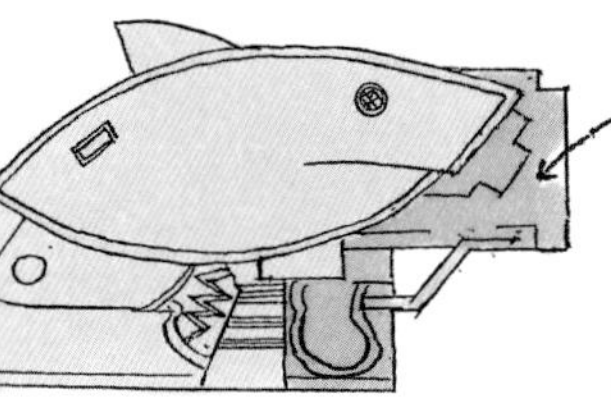

2010年に新設された「ペンギン村」では、
巨大なペンギン水槽を、下りながら
見て、最後はアクリルトンネル
を通り抜ける。

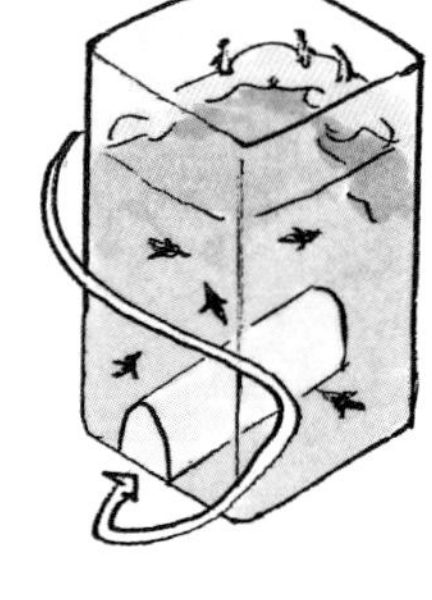

室内にいるのは、
キングペンギンや
ジェンツー・ペンギン
など寒冷地系。

水量
700トン。
深い。

屋外には
フンボルト
ペンギンも
わんさか。

これは「ペンギン村」というよりも、
「ペンギン共和国」とか「ペンギンワー
ルド」とかにした方がよいのでは？
ペンギンだけでも見に行く価値あり。

31

SNS映えや新発想プールで独自性

四国水族館

香川県綾歌郡宇多津町／2020年開館
［設計］大成建設
［施工］大成建設
［階数］地上2階
［延べ面積］7276.75㎡
［総水量］2713トン

（写真：近代建築社）

［所在地］香川県綾歌郡宇多津町浜一番丁4 宇多津臨海公園内
［交通］JR宇多津駅から徒歩約12分
［公式サイト］https://shikoku-aquarium.jp/

SNS映えする「渦潮の景」

「綿津見の景」。わたつみは日本神話の海の神

「四国水族館」は2020年、香川県宇多津町の「うたづ臨海公園」の一画に開館した水族館だ。香川県内の企業などが出資する株式会社四国水族館開発が運営している。設計と施工は大成建設が担当した。

展示テーマは「四国の水景」。瀬戸内海や太平洋、生活を支えたため池、四万十川をはじめとする清流などを展示によって体験できる。

“SNS映え”すると話題になっているのが、「渦潮の景」。鳴門のうずしおを水中観覧船からのぞいたイメージでオーバーハング水槽（上部がせり出した水槽）を設置。上から自然光が入るので、ファンタジックな写真が撮れる。

太平洋の黒潮を再現した大水槽は「綿津見（わたつみ）の景」という名前。四国最大となる水量650トンの水槽で、飼育が難しいとされるカツオ類を展示する。

太平洋の展示では、アカシュモクザメを下か

お魚POINT 「海豚プール」のイルカはマダライルカ。国内水族館の大半はハンドウイルカで、マダライルカは少数でしか飼育されていないという。名前の通りのまだら模様を、プールの水深の浅いエリアや、1階のホールで観察したい。

アカシュモクザメを下から見上げる「神無月の景」

ら見上げる「神無月の景」もユニーク。直径4.5mの丸窓から見えるサメのシルエットは、現代アートのよう。

プログラム以外でも楽しいプール

どの水族館も似たような印象になりがちなショープールも、一風変わっている。2階の「海豚（イルカ）プール」は、観客席がウッドデッキのような仕上げで、最上段が広い斜面になっている。ここでは体育座りをしたり、寝転んだりしてプログラムを見る。これは、「プログラムのないときにもゆっくりイルカを見られるように」という設計者の配慮だ。

同じ意図から、プールの一部に水深の浅いエリアを設けた。デッキと水面との段差が小さいので、プログラムのないときにも、手の届きそうなほど近くでイルカたちを観察できる。(M)

2階の「海豚プール」。最上段は広い斜面

水深の浅いエリアにイルカたちがやってくる

2020年、香川県宇多津町にオープンした「四国水族館」。

「宇多津水族館」ではなく「四国」なの？……と、やや疑いの目で足を運んだのだが、なるほど、「四国に来たらまずここ」と言いたくなる水族館だ。

「四国を巡ってみたくなる仕掛けが随所に盛り込まれている」──というのが公式の理由なのだが、ここで言いたいのはそういうことではなく、「四国のここでしか見られないシーン」がたくさんあるということ。

1つは「海豚（イルカ）プール」。海の近さもすごいが、注目してほしいのは客席だ。

客席の上段部が、斜めのデッキ床になっている。子どもはゴロゴロ。

「プログラムのないときでもゆっくりプールを見ていたくなる空間も考えた」と、設計担当の大成建設・尾畑剛氏。→

プールの一部を浅瀬にしたのもそのためだ。プログラムのない時にもイルカが人の近くにやってくる。

ショーのときしか人のいないプールは寂しいでしょう

尾畑さん、かっこいい

ロックシンガー？

SNS映えする水槽が多い四国水族館の中でも、最大の"映えスポット"が←「渦潮の景」。オーバーハング水槽は珍しくないが、"水に包まれる感覚"では日本一かも。①自然光が差し込む、②水面に動きがある③アクリルの接合面が見えにくい―が理由か。

泳いでいるのは、食卓で見慣れた魚たち。

↑「神無月の景」では、ソファに座って頭上のシュモクザメを見上げる。
この見え方は、ジェームズ・タレルを思い起こさせる。

←これは金沢21世紀美術館の「タレルの部屋」

2F
1F

一見地味だけど、「深海ゾーン」もいい。

額縁のような照明で、暗い水槽をスタイリッシュに見せる。

知っ得

マスコットキャラの「しゅこくん」のモデルはシュモクザメ。夢は、「四国水族館を有名にしてパパとママを見つけること」。頑張れ!!

32

屋外大水槽は25mプールを活用

むろと廃校水族館

高知県室戸市／2018年開館
[設計] 9&9設計
[施工] 川村総合建設
[階数] 地上3階
[延べ面積] 2万1975.76㎡（集落活動センターを含む）
[総水量] 約250トン

（写真：むろと廃校水族館）

［所在地］ 高知県室戸市室戸岬町533-2
［交通］ 高知自動車道南国ICから車で約2時間
［公式サイト］ https://www.city.muroto.kochi.jp/pages/page0343.php

児童減少により2006年に廃校となった旧椎名小学校の校舎を水族館として改修・再活用した。飼育展示フロアは2階と3階、そして一番の見どころは屋外の25mプールを利用した大水槽だ。生き物たちは地元の漁業関係者から室戸沖の定置網漁で獲れたものを寄付してもらい、水も近くの海から引いている。

2階では、もとは教室だった場所の真ん中に円柱水槽を置き、廊下だった場所や壁際に小型水槽を並べる。円柱水槽では、ウミガメ以外は季節や漁の状況によって展示の魚が入れ替わる。また、手洗い場もタッチプールとして活用。3階は展示ゾーンで、“理科室”では骨格標本やホルマリン漬けの生き物などを展示。かつて使われていた机や椅子を置いていたり、黒板にチョークで解説を書いたり、懐かしさを誘発する仕掛けも。旧校舎でたくさんの魚が泳いでいるという非日常感が楽しい。

以前は教室と廊下だった名残がある2階の展示ゾーン

25mプールを活用した屋外大水槽

同館で来館記念のお土産として人気なのが、ブリのぬいぐるみが当たる「ぶりくじ」。地元定置網漁で稼ぎ頭のブリにちなんで販売を始めたもので、ハズレはなく、大きさの異なる4種類のいずれかが当たる。

「むろと廃校水族館」をちょっとあなどっていた。これは「水族館」としてすごい。入場料600円※は安すぎる！

※2022年現在

2006年に廃校になった室戸市立椎名小学校を改修し、2018年春に水族館として再スタートさせた。

はっきり言うと、特にびっくりするような生き物はいない。けれども、その見せ方にいちいちグッと来る。

←まずは、元の状態の教室を見せるのがうまい。

改修した教室→の中央には円筒形の水槽。

こんなまぢかにエイが…。

※展示（生き物）はその時で異なる

コバンザメをこんなにじっくり見たのは初めて。

←手洗い場がまんまタッチプールになっている。

生き物じゃないけれど、こんな展示にも笑った。→

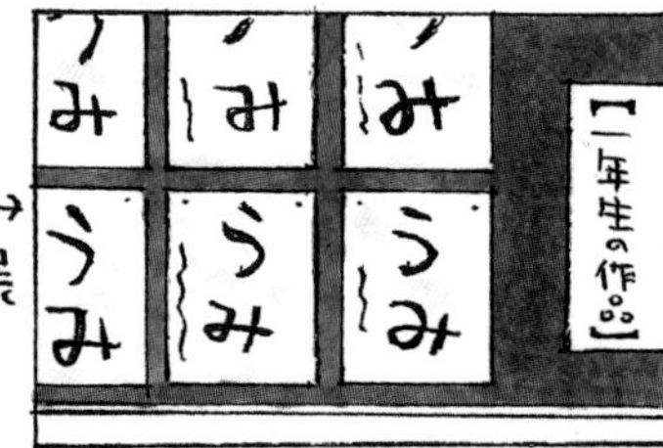

広くて快適そう…

←クライマックスは「屋外大水槽」（旧・25mプール）。予想以上の人気を受けて、可動式のテント屋根が架けられた。

水族館としてすごく楽しい。「廃校利用」の成功例として政治家先生も見に行くべし！

33
海中散歩とSF感を楽しむ

足摺海底館

高知県土佐清水市／1972年開館
［設計］川崎重工業
［施工］川崎重工業
［階数］地上4階
［延べ面積］225㎡

［所在地］高知県土佐清水市三崎4124-1
［交通］JR土讃線経由土佐くろしお鉄道・中村駅より西南交通バスで1時間30分
［公式サイト］http://www.a-sea.net/

二重らせん階段で下りと上りの動線を分けている

海中展望室の壁面には直径60cmの丸窓が16個付く

全国に7つある海中展望塔の1つ。中四国では唯一となる同館は、足摺宇和海国立公園内の竜串海岸の西側に立っている。海上に見えるのは、白い円筒形の塔に対し、海上約7mの高さに十字形平面の赤い海上展望台が突き出た姿だ。その突き出たうちの1つに岸から連絡橋を渡ってたどり着く。

水面下7mの海中展望室には、塔の内部にあるらせん階段を下りていく。海上部分の塔の直径は5mだが、海中部分は直径10mと広く、塔の全長は24.3m。総重量は520トンで、川崎重工業の工場で製作され、船で現在地まで運ばれた。

海中展望室には直径60cmの丸窓が16個付き、ここから海中の生き物を観察できる。まるで潜水艇に乗り込んだ気分。晴れた日には陽光が届く様子も。窓ガラスは45mm厚の強化ガラスを2枚張り合わせている。(N)

お魚POINT　窓から見える生き物は季節によって違い、例えば春はモイカ、夏はクロホシイシモチ、秋はカマスの群れ、冬はキビナゴの群れ、といった具合。キビナゴの群れが太陽の光できらめく様子はダイヤモンドダストのよう。

"海中展望塔"と呼ばれるものは日本にいくつかあるが、中でも"インパクト日本一"といわれるのが、この「足摺海底館」（高知県土佐清水市、1972年）だ。

おお、確かにSFの海上基地のよう。丸窓がレトロフューチャー！

ちなみに、他の施設はこんなだ。

◀ブセナ海中展望塔（沖縄県、1970年）

▼串本海中公園（和歌山県、1971年）

◀玄海海中展望塔（佐賀県、1974年）

十字形の展望フロアから階段で7m下りると、こんな海底ルームに着く。直径60cmの丸窓がぐるりと16個。

階段が二重らせんのDNA構造。

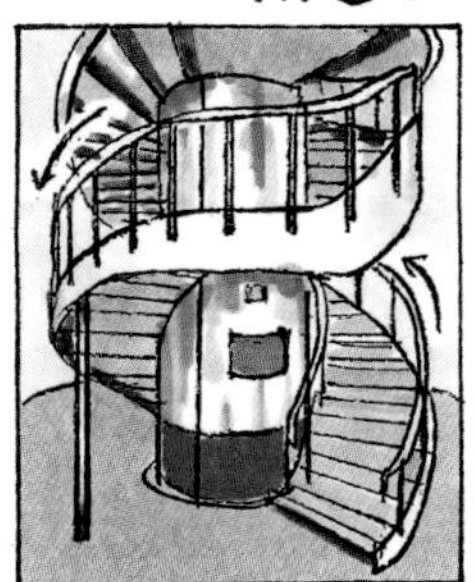

にじみ出るSF感は、1970大阪万博の2年後という時代性か？

つくり方も大胆。川崎重工業の工場でほぼ完成させてから、タンカーで運んで現場に据え付けた。歴史遺産！

34
大水槽の水面が海へと連続

足摺海洋館 SATOUMI

高知県土佐清水市／2020年開館
［設計］大建設計・艸建築工房JV
［施工］五洋建設・サイバラ建設特定JV
［階数］地上２階
［延べ面積］3397.81㎡
［総水量］712.01トン

［所在地］高知県土佐清水市三崎4032
［交通］高知西南交通のバスで竜串海洋館前下車
［公式サイト］https://kaiyoukan.jp/

1975年にオープンした旧足摺海洋館の老朽化や耐震性能の不足により、竜串湾を望む隣接地に新たに建てられた。常設の水槽は70基、約350種1万5000点の生き物を展示する。

展示は足摺の原生林から始まり、この途中で１階から２階へと上がる。館内で一番の見どころとなる大水槽は、２階では目の前の竜串湾が一体に見える設計だ。水深の浅い部分にはタッチングコーナーも併設している。その竜串湾を再現した大水槽は、上からのぞいた後、１階で側面から見る。様々なサンゴの大群落や温帯・熱帯性の魚類などが描く美しい海中景観は、さっき見た海の下に存在する世界だ。

展示構成は原生林から竜串湾、足摺の海、外洋・深海へと続く。また、黒潮によってこの地域にもたらされる海の恵みと、それを生かした食文化を紹介するコーナーもあり、海と人の関わりをわかりやすく伝えている。（N）

原生林のコーナーで１階から２階に上がる

窓の向こうに広がる竜串湾と一体になる大水槽

２階の展望デッキの手前では、アオウミガメを展示。高知県沿岸の藻場は若いアオウミガメの摂餌場となっている。足摺・竜串の海岸には、アカウミガメが毎年産卵にやってくる砂浜もあるという。

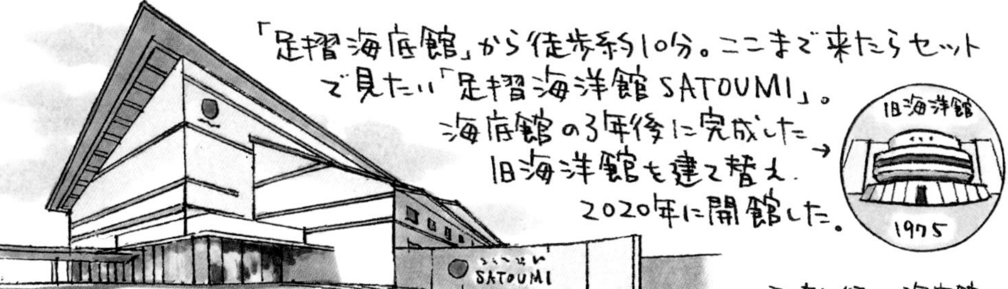

「足摺海底館」から徒歩約10分。ここまで来たらセットで見たい「足摺海洋館SATOUMI」。
海底館の3年後に完成した旧海洋館を建て替え、2020年に開館した。→
旧海洋館
1975
SATOUMI
こっちに行くと海底館

設計したのは、水族館を得意とする大建設計と、地元高知の艸(そう)建築工房。施設は2階建て。特にひかれたのは、屋外と連続感のある2階の展示。

この「竜串湾大水槽」は2階からも1階からも見られる。

1階から見る→

今までに見たウミガメの展示の中で、これが一番好きかも。

水槽の向こうに海!すごい透明感。しかも海底館が見える。海底館へのリスペクトが伝わる!

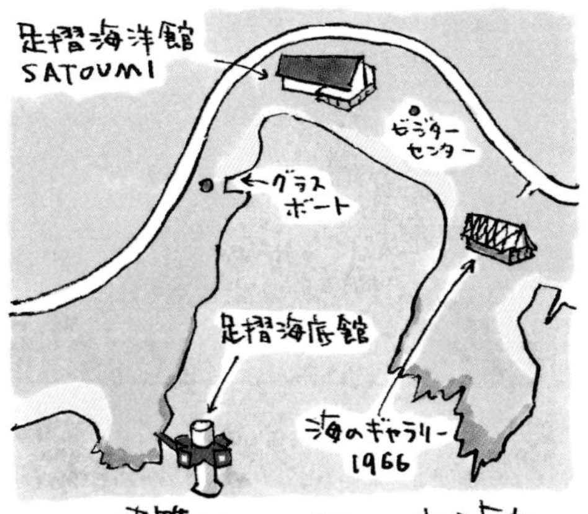

そして、建築好きは、近くにある「海のギャラリー」(設計:林雅子)も見逃すな!

35 白い貝に似た“成長する水族館”

マリンワールド海の中道（なかみち）

福岡県福岡市東区／1989年開館

［設計］1期基本設計：磯崎新アトリエ、実施設計：日建設計／
2期（1995年）設計：三島設計／2017年の改修設計：日建設計・大成建設・九電工

［施工］大成建設

［階数］地上4階

［延べ面積］2万1899㎡

［総水量］6422トン

（写真：大成建設）

［所在地］福岡県福岡市東区西戸崎18-28
［交通］JR香椎線・海ノ中道駅から徒歩5分
［公式サイト］https://marine-world.jp/

ショープールをプール側から見る

2017年の改修で開放的になったエントランスホール

マリンワールド海の中道は福岡市東区の国営公園「海の中道海浜公園」の一画にある。デイキャンプ場やホテルもある憩いの場だ。

あまり知られていないが、水族館の基本設計を担当したのは建築家の磯崎新氏だ。扇形に広がる白い建物のモチーフは「貝」。開館した1989年は、バブル景気の真っただ中だったが、国が関わる事業ということもあって、建設は2期に分けて進められ、開館時には東側の半分だけだった。貝の形がわかるようになったのは、1995年の2期工事完了後だ。

先行してつくられた東側には「ショープール」がある。客席から見ると、プールの背後が横長に抜けており、博多湾が絵のように切り取られる。2期工事の目玉は「外洋大水槽」（当時の名前はパノラマ大水槽）。水深7m、幅24mに水槽にシロワニ（大型のサメ）がゆうゆうと泳ぎ、マイワシの群れが渦をつくる。

お魚POINT　「ペンギンの丘」にいるのは、ケープペンギン。改修前からこの施設にいたが、展示プールが順路から外れた場所にあり「ペンギンは？」と聞かれることが多かった。ペンギンの丘では平和そうに見えるが、実は絶滅危惧種。

外洋大水槽。黒潮が流れる九州の温暖な海を再現した

かいじゅうアイランドの「ペンギンの丘」

昇降するエレベーターの中から外洋大水槽が見える（写真：大成建設）

2017年の改修でペンギンの丘など

開館から約30年たった2017年、大成建設等の設計チームで大規模なリニューアルを実施。中小の既存水槽を新たなテーマで刷新した。このほか、2階のエントランスホールで圧迫感を与えていたカフェなどを撤去。白い膜屋根が入り口から見渡せるようになった。

設計者も想定外の人気ぶりなのが、屋外の「ペンギンの丘」。既存の「かいじゅうアイランド」の一部にプールと緑の丘をつくったところ、ペンギンの多くは緑の丘でのんびり。見たことのない牧歌的な光景に癒される。

意外な光景はほかにも。ショープールは、1階のレストランから大きなアクリルパネル越しによく見える。大水槽の様子がエレベーターの中から見えるのもとても珍しい。（M）

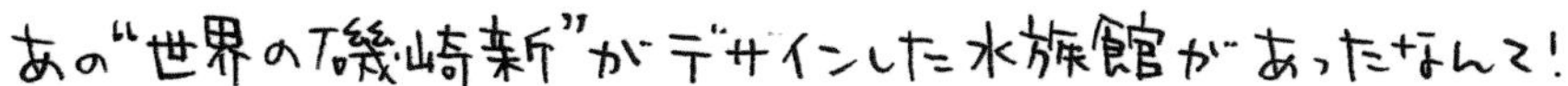

あの"世界の磯崎新"がデザインした水族館があったなんて!

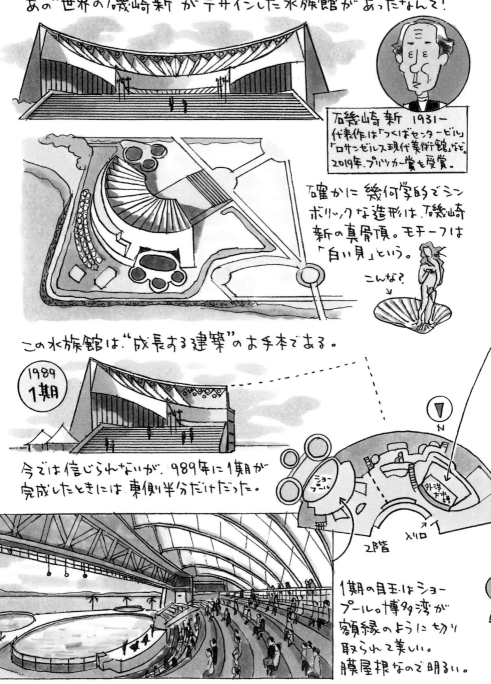

磯崎新 1931ー
代表作は「つくばセンタービル」「ロサンゼルス現代美術館」など。
2019年、プリツカー賞を受賞。

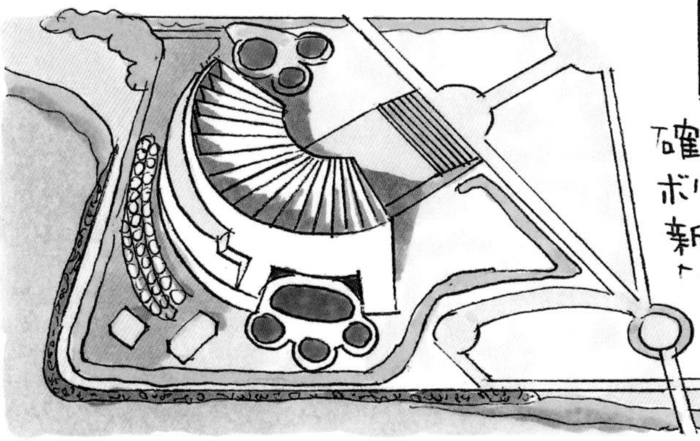

確かに幾何学的でシンボリックな造形は、磯崎新の真骨頂。モチーフは「白い貝」という。

こんな?

この水族館は"成長する建築"のお手本である。

1989
1期

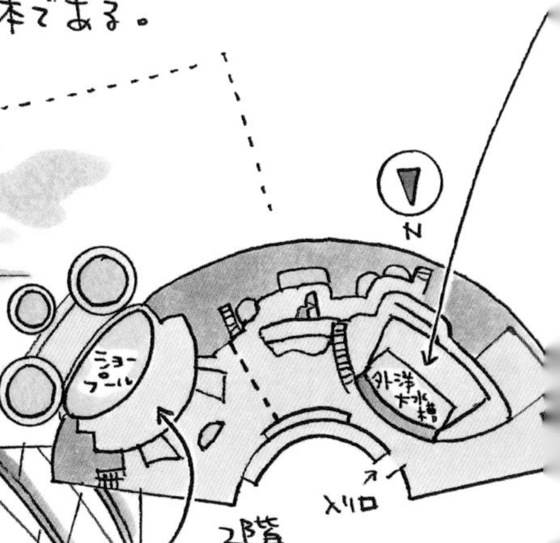

今では信じられないが、1989年に1期が完成したときには、東側半分だけだった。

N
ショープール
外洋大水槽
入口
2階

1期の目玉はショープール。博多湾が額縁のように切り取られて美しい。膜屋根なので明るい。

6年後の1995年に2期が完成し、「貝」の形に。
2期の目玉は、大型のサメ「シロワニ」が泳ぐ外洋大水槽。水深7m、幅24m。

さらに22年後の2017年、大規模改修を行い、全体をバージョンアップ。改修設計を担当した大成建設の←渕上清和さんが案内してくれた。

一番苦労したのはエントランスホールだという。既存のカフェを撤去して開放感を高めた。

「九州の近海」や「九州 水の森」など新たな展示も。

なかでも人気なのが屋外の空きスペースにつくった「ペンギンの丘」。こんなにのんびりしたペンギンの姿、他では見られない？

36 自然光差す大水槽はダイバー気分

九十九島水族館海きらら

長崎県佐世保市／1994年開館、2009年にリニューアル

[設計] 古市徹雄・都市建築研究所（当初）、
日建設計（リニューアル）

[施工] 日本国土開発（当初）、
安藤ハザマ（リニューアル）

[階数] 地下1階・地上3階

[延べ面積] 5597㎡

[総水量] 3350トン

[所在地] 長崎県佐世保市鹿子前町1008
[交通] JR佐世保駅からバスで約25分
[公式サイト] https://umikirara.jp/

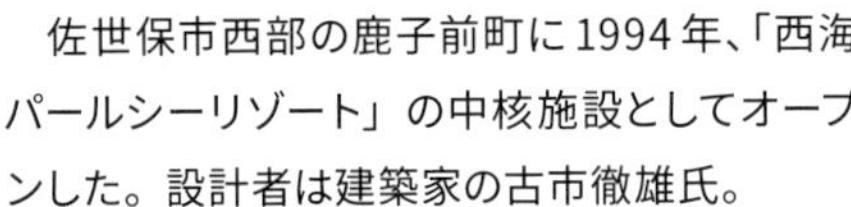

佐世保市西部の鹿子前町に1994年、「西海パールシーリゾート」の中核施設としてオープンした。設計者は建築家の古市徹雄氏。

2008年まで船の展示館とアイマックスドームシアターを併設していたが、いったん閉館しこれらを廃止したうえで、水族館機能を拡充。「九十九島水族館海きらら」としてリニューアルオープンした。

リニューアルの設計を担当したのは日建設計。既存建物の南東側に建物を増築し、「九十九島湾大水槽」や「九十九島イルカプール」を新設。既存のドームシアターは「クラゲシンフォニードーム」にした。

九十九島湾大水槽は、上部から自然光がさんさんと降り注ぐ。自然光を入れると藻が発生しやすいが、スタッフが毎日潜水して水槽内を清掃している。人の労力で保たれているこの水槽の美しさは、一度は見る価値あり。（M）

自然光が差し込む「九十九島湾大水槽」

九十九島湾大水槽の上部。屋根がなく、雨ざらし

クラゲシンフォニードームの地下1階には「クラゲ研究室」がある。九十九島周辺は、波静かな入り江が多く、沖合いから対馬暖流の一部が流れ込んでくるため、多種のクラゲが生息する。珍しいクラゲも多い。

1994年に開館したこの施設は"ポストモダン・デザイン"のわかりやすい例として、建築界で知られている。以前に行ったことがあったが、「水族館」としては、正直、もの足りなさも感じた。

増築

しかし、2009年に水族館機能を拡充する増改築を実施。見違えるように魅力的になっていた。

ここ

リニューアルの目玉は「九十九島湾大水槽」。

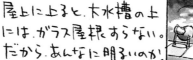

こんなに自然光が入る大水槽、見たことない！スキューバダイビングをしているかのよう。

屋上に上ると、大水槽の上には、ガラス屋根すらない。だから、あんなに明るいのか！

野鳥が大水槽の魚を食べてしまうこともあるという。自然は厳しい。

既存のドームシアターは、クラゲの水槽を置いて「クラゲシンフォニードーム」に変身。やや大人しめな演出だけど、じっくり長く見るには、このくらいがいいのかも。

37

長崎伝統のペンギン飼育を継承

長崎ペンギン水族館

長崎県長崎市／2001年開館
［設計］小西・M.M 実施設計JV
［施工］植野・平石特定建設工事 JV
［規模］地下1階・地上2階
［延べ面積］3242.63㎡
［総水量］593.8トン

［所在地］長崎県長崎市宿町3-16
［交通］JR長崎駅からバスで約25分
［公式サイト］https://penguin-aqua.jp

1959年開館の長崎水族館を前身とする。旧水族館は、1998年に経営難で閉館。住民などの強い要望で、長崎市が2001年に新施設を建設。ペンギン専門の水族館として開館した。

前身の長崎水族館時代から多種のペンギンを飼育していた。最初に飼育されたペンギンは1959年に捕鯨船が南氷洋から持ち帰ったヒゲペンギンだった。長崎は江戸時代から全国有数の捕鯨基地であったことによる。

現施設は、2フロアでペンギン9種、180羽を飼育している。地球上のペンギンの種類は18種類なので、種類としてはその半分だ。まず2階の室内展示を見て、屋外階段を下りながら屋外の展示を見る。

第1駐車場のすぐ近くには、建築家の武基雄（1910～2005年）が設計した旧長崎水族館の建物が残る。リニューアルされ、長崎総合科学大学の校舎となっている。（M）

2階の屋内展示

1階の屋外展示エリアを見下ろす

2階にいるコガタペンギン（フェアリーペンギン）は、世界最小のペンギンだ。体長約35cm、体重約1kg。説明を読まないと、子どものペンギンコーナーかと思う。生息地はオーストラリアからニュージーランドの海岸。

8
大水槽に隠された白い海底基地

大分マリーンパレス水族館「うみたまご」

大分県大分市／1964年開館、現施設は2004年完成
［設計］日建設計
［施工］竹中・佐伯JV
［規模］地下1階・地上3階
［延べ面積］1万881㎡
［総水量］3350トン

［所在地］大分県大分市神崎 字ウト3078-22
［交通］JR大分駅から大分交通路線バス別府方面行きで高崎山バス停下車
［公式サイト］https://www.umitamago.jp

大回遊水槽の海中トンネル

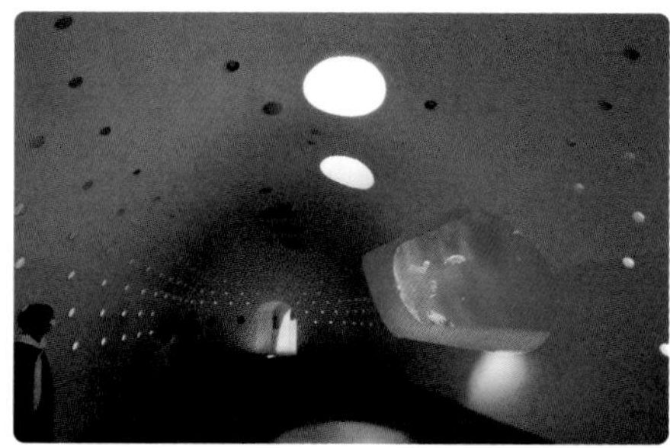

大回遊水槽の中心にある「うみたまホール」

初代の施設は、1964年に開館した「大分生態水族館マリーンパレス」。世界初のドーナツ型回遊水槽を実現し、入場者数日本一を誇った時期もあった。初代施設が老朽化し、国道10号線の拡幅計画もあったことから、現在地に移転。2004年に大分マリーンパレス水族館「うみたまご」としてオープンした。

設計したのは日建設計。担当者の安田幸一氏は現在、東京工業大学教授を務める。

施設の目玉は水量1250トン、2層を貫く楕円形平面の大回遊水槽だ。旧施設の回遊水槽をバージョンアップしたもので、下部（1階）だけがドーナツ状になっている。

1階に下りると、「うみたまご」という名前の意味がわかる。ドーナツ状の中心部分が卵の殻のような見学スペース「うみたまホール」になっているのだ。曲面の白い壁は、海底基地のような神秘的な雰囲気を醸し出す。（M）

お魚POINT　旧マリーンパレス時代に日本で初めてタチウオの飼育展示に成功して以来、タチウオは人気の魚種。刀のように立って泳ぐ不思議さと、その背びれの繊細な動きは、何時間でも見ていられそう。

39

錦江湾に面した立地を最大活用

いおワールドかごしま水族館

鹿児島県鹿児島市／1997年開館

［設計］大建・衛藤中山共同設計団（基本設計）、大建・永園共同設計団（実施設計）

［施工］大成建設・東亜建設工業・植村組特定JV

［階数］地下２階・地上５階

［延べ面積］1万3163㎡

［総水量］3200トン

［所在地］鹿児島県鹿児島市本港新町3-1
［交通］JR鹿児島中央駅から鹿児島駅前行きの市電に乗車、水族館口で下車し徒歩８分、または、かごしま水族館前行きの市営バスに乗車、かごしま水族館前で下車し徒歩３分
［公式サイト］https://ioworld.jp/

「いお」は鹿児島弁で魚のこと。外観はシンボリックな形状の大屋根が遠くからも目を引く。順路は１階から入館後、すぐ２階に上がり、次に４階、３階、最後に１階というように変則的だが、表示に従えば迷うことはない。イルカプールは１階にあり、ショーの開始時間に合わせて初めに１階を楽しむ順路も可能だ。

黒潮の影響を受ける錦江湾（鹿児島湾）に面する同館のコンセプトは「黒潮浪漫海道」。２階の「黒潮大水槽」をはじめ、周辺の海に暮らす生き物たちの飼育展示を中心とする。錦江湾は内湾としては珍しく200ｍを超える水深があり、独特な生態系があるという。

４階は一部が１層分高く、展望ホールになっていて、錦江湾の向こうに桜島を正面に望める。また、錦江湾につながる全長275ｍの屋外水路があり、イルカたちが水族館から出てきて水路で泳ぐ姿を無料で見られる。（N）

展望ホールから、錦江湾の向こうに桜島を望む

イルカプールは全天候型。地下からもイルカたちの泳ぐ姿を見られる

「黒潮大水槽」は日本でもベスト5に入る大きさだが、ジンベエザメは全長13ｍにも成長する。そこで同館は定置網に入った幼魚を飼育し、全長5.5ｍになる前に海へと帰す「かごしま方式」による展示を行っている。

海沿いにありながら、外観の印象は"山"のような「いおワールド かごしま水族館」。

地上5階建てのタワー型。エントランスを入るとすぐにエスカレーターで上に導かれる。2階に着くと、目の前に「黒潮大水槽」。

そして、いきなりのジンベエザメ!!

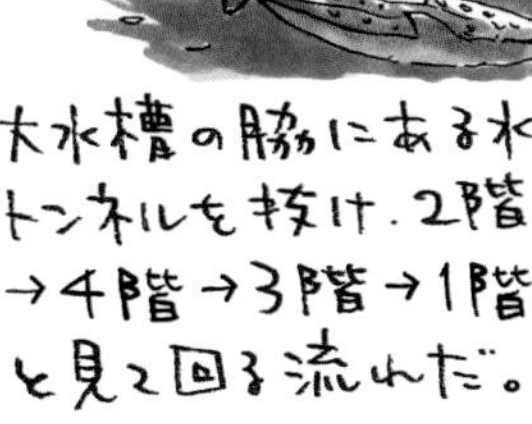

大水槽の脇にある水中トンネルを抜け、2階→4階→3階→1階と見て回る流れだ。

「海の近さをあまり感じないな」と思っていたら、後半にこんな演出が。

4階のエスカレーターを上ると

→

おお、桜島の大パノラマ！

おそらく、桜島の噴火を考慮して、施設を閉じたつくりにしたのだろう。そこで、設計者は最上階で室内から海を見せることにしたのだ。意地の大パノラマ。

イルカ水路

気候などの条件がよければ、屋外の「イルカ水路」で泳ぐイルカが見られる。

筆者は残念ながら見られず（涙）。

桜島

40 良質な展示空間と飼育環境を両立

沖縄美ら海水族館

沖縄県国頭郡本部町／2002年開館

［設計］日本公園緑地協会（基本設計）、**国建**（実施設計）

［施工］鹿島建設・屋部土建・阿波根組JV

［階数］地上4階、塔屋1階

［延べ面積］1万9199㎡

［総水量］約1万トン

［所在地］沖縄県国頭郡本部町石川424
［交通］那覇空港から車で約2時間（高速道路利用）、バス（高速バス使用）で2時間30分〜3時間
［公式サイト］https://churaumi.okinawa/

沖縄本島北部、本部町の「国営沖縄記念公園海洋博覧会地区」内にある。正面入り口広場で来館者を出迎えるジンベエザメのモニュメントと、その背後の壁面に積み上げられた琉球石灰岩。アプローチ上部は強い日射しや雨を遮り、風通しがいいパーゴラ空間。周りにはハイビスカスなどの植物が配され、南国に来た実感を持てる。シンメトリーで力強い造形の海人門（ウミンチュゲート）の先には、大海原の向こうに伊江島まで望める。

海人門（ウミンチュゲート）は天窓から陽光が降り注ぐ

海深く潜っていくように

ゲートは4階の高さで、海岸に向かって下がっていく斜面地をうまく利用し、館内では浅瀬から水深700m付近までを再現。「沖縄の海との出会い」をコンセプトに掲げ、礁池からサンゴの海、黒潮の海、さらに深層の海へと

「サンゴの海」の水槽には屋根がないので自然光が直接入る

お魚POINT　同館はサメやエイ類の飼育下繁殖に40年以上取り組む。2021年3月には、人工子宮装置を用いて深海ザメの一種、ヒレタカフジクジラの胎仔を146日間育成し、人為的出産に世界で初めて成功した。

「黒潮の海」の大水槽は正面からはもちろん、多方向から観覧できる

潜っていくように、展示を見て回れる。

目玉となるのが、生きたサンゴを展示する「サンゴの海」水槽と、ジンベエザメの繁殖を目指した「黒潮の海」大水槽だ。前者は自然光を直接取り込むために屋根を架けず、眼前の海から新鮮な海水を絶えず供給するシステムを採用し、サンゴの大規模飼育を実現した。

後者の水槽は世界最大級で、幅35m、奥行き27m、高さ10m。自然界のジンベエザメが垂直の姿勢でエサを食べることからこの高さになった。平面的にもゆったりと泳げる大きさだ。大海を切り取ったようなイメージを鑑賞者が感じられるように、水槽の前面に幅22.5m、高さ8.2m、厚さ60.3cmの大アクリルパネルを設けている。正面からだけではなく、海底から見上げるような「アクアルーム」もあり、様々な角度から海の生き物を観賞できる工夫を凝らしている。(N)

「黒潮の海」大水槽の下部に設けられた「アクアルーム」

「黒潮の海」大水槽を水上から自由に観覧できる「黒潮探検」コースも人気

かつてここには、沖縄国際海洋博覧会（1975年）のためにつくられた「国営沖縄記念公園水族館」があった。設計は、槇文彦。

このモダニズム建築の"名作"を建て替えるという大役を委ねられたのは地元、国建の設計者、国場幸房。大きなプレッシャーの中、国場は見事に期待に応えた。それが「沖縄美ら海水族館」。

旧水族館の東側の斜面に、たくさんの屋根で分節した建物を配置。屋根は「マンタの群泳」をイメージしたという。

アプローチのパーゴラが南国感を高める！

見上げると神殿のよう。

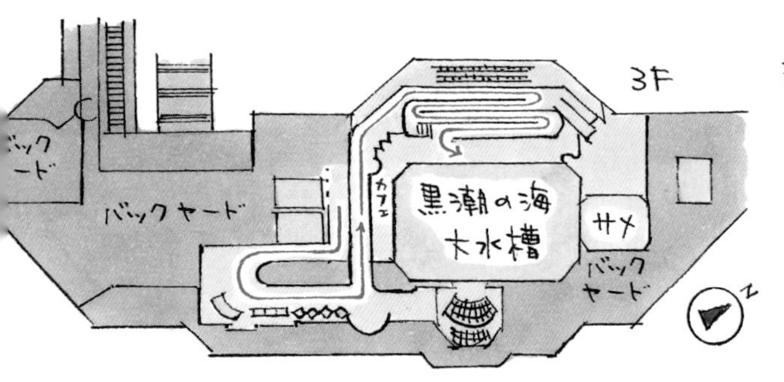

目玉の「黒潮の海」大水槽は、図面でも見てもでかい！

幅35m×奥行き27m×高さ10mの水槽は、世界最大級。

大きいだけでなく、見せ方もダイナミック。段状のスロープの上から一気に見せる。

ここにあるカフェが絶景。

この大水槽、実は上からも見ることができる。"知る人ぞ知る"「黒潮探検」をお見逃しなく。→1階の専用エレベーターで3階に上ると、こんなデッキに出られる。バックヤードの仕組みがよく分かる。

おお、水上お立ち台！

もう1つの"知る人ぞ知る"は、屋外の休憩コーナー。え、これがどうしたって？最初のイラストをよく見てほしい。槇文彦の旧水族館の一部が再現されているのだ。建築好きは萌える！

41

多彩な映像表現と演出で新体験

DMMかりゆし水族館

沖縄県豊見城市／2020年開館
[設計] 大建設計
[施工] 前田建設工業
[階数] 地上3階建ての1・2階部分
[延べ面積] 6937.9㎡
[総水量] 約900トン

［所在地］ 沖縄県豊見城市豊崎3-35
［交通］ 那覇空港から車で約20分、バスで20～35分
［公式サイト］ https://kariyushi-aquarium.com/

2020年にオープンした大型商業施設「イーアス沖縄豊崎」に併設。最新の映像表現と空間演出を駆使したエンタメ型の水族館だ。

入り口のある2階は「亜熱帯気候が織りなす常緑の森」、1階は「多彩な生物が息づく澄み切った海」という構成。両階とも、沖縄近海の海洋生物が回遊する水深約6mの大水槽を中心とし、2階ではガラス張りの床から水槽の中をのぞける。見どころの1つだ。

沖縄の空模様と波打ち際の海岸を再現した展示空間では、奥の海と空だけは映像で、現実の季節や時間に連動して演出を変え、来館者に異なる表情を見せる。5枚のアクリルパネルが並ぶエリアはバーチャル水槽。巨大な海洋生物が目の前に突然現れる。水槽を用いた展示やタッチプールなどの他に、こうしたリアルとバーチャルの融合による新しい体験も楽しめる。(N)

大水槽の海洋生物をガラス越しに上から見る。ガラス面は歩くこともできる

鏡張りの中に円柱水槽が立ち並ぶクラゲの展示空間

海洋生物以外に、ナマケモノやヒムネオオハシなど陸に住む生き物の展示空間もある。柵などの隔たりが少なく、手を伸ばせば触れられそうな近さで観察でき、リアルな息づかいを感じることができる。

沖縄には"水族館界の横綱"とも言うべき「沖縄美(ちゅ)ら海(うみ)水族館」が既にある。そんな中に誕生した「DMMかりゆし水族館」(2020年)。
なるほど。すべてにおいて"美ら海と違うもの"を目指したんだな。ということが伝わってくる。

まず。外観が水族館らしくない。

そう。どこか映画を見るのに似た感覚の水族館なのだ。

ヒューマン作品を見るような洞窟。　SF作品を見るような。くらげの列柱。

どちらも映像濃度が強いので。好き嫌いは分かれそう。

個人的に一番ひかれたのは。この"床下水槽"エリア。⟶
大水槽の上がガラス張りになっていて。ゴロゴロできる。

あまりにも透明なので「これも映像では?」と思ってしまう…。それも含めて新感覚!

コラム

沖縄美ら海水族館・黙認キャラ!?「リン子どん」を知っていますか

水族館のマスコットキャラクターを調べていたら、沖縄美ら海水族館に「リン子どん」という萌えキャラがいるのを発見。生みの親はなんと、同館職員の塚原 誠さんだった。現地取材を兼ねて沖縄へ！

文：長井美暁

取材場所：国営沖縄記念公園（海洋博公園）沖縄美ら海水族館

「リン子どん」が生まれたのは 2012 年。「あなたの知らないサメ展」という企画展に合わせてスタンプラリーを行ったことがきっかけだ。「ただスタンプを押してもらっても面白くないので、何かできないかと考えたんです」と、生みの親である沖縄美ら海水族館の塚原誠さんは振り返る。

塚原さんは同館の魚類課で教育普及を担当している。絵を描くことが職務ではない。本当にこの人？　失礼ながら、どうしてこんなにかわいい女の子が描けるんですかと尋ねると、「昔から絵を描くのが好きだったから」と笑う。

「リン子どん」の生みの親、沖縄美ら海水族館の塚原誠さん

パーツを使い回しながら、少しだけ変化をつけて動きを出す

塚原さんは 2003 年から沖縄美ら海水族館に勤めている。大学時代にパソコンで絵を描き始め、卒業後はゲームソフトをつくる会社でグラフィック関係を担当していたという。各キャラクターのパーツを使い回す、少しだけ変化をつけて動きを出すという描き方は、ゲームソフトの仕事で得た技術だ。

名前はジンベエザメの学名から

まず気になるのは「リン子どん」という名前だ。なぜ女の子が「どん」？

「名前はジンベエザメの学名『*Rhincodon typus*（リンコドン タイプス）』に由来します。

リンコドンという響きからなんとなく被り物をした女の子を思いつき、上役の許可を得て、各所の掲示などに登場させました」と塚原さん。サメの帽子を被らせたのは「海の生き物に関係する感じを出したかったから」という。

右端のリン子どんは、帽子のサメの表情も他と違うことに注目！

翌年は「ウミウシ展」に合わせてドリスちゃんが誕生。名前はシンデレラウミウシの学名「*Hypselodoris apolegma*（ヒプセロドリス アポレグマ）」にちなみ、やはり女の子が被り物をしている。「顔のつくりはリン子どんと一緒。でも目の色が違う。リン子どんの目が緑色なのは、深海ザメの目がそうだからです」。

リン子どんをはじめ各キャラクターが活躍する書籍。沖縄美ら海水族館の売店とオンラインショップで販売している

書籍制作でさらにキャラクターが増える

2014年には「サメのふしぎ」という子ども向けのイベントと同時に解説本をつくることになり、リン子どんに再び出番が到来。仲間も増えた。ホホジロザメの学名「*Carcharodon carcharias*（カルカロドン カルカリアス）」にちなむ名前がつけられた犬の「カルカロどん」と、ネコザメの学名「*Heterodontus japonicus*（ヘテロドンタス ジャポニクス）」にちなむ猫の「ヘテロどん」だ。

リン子どんの隣の猫がヘテロどん、左の犬はカルカロどん

書籍『サメのふしぎ』は専門の飼育職員が監修にあたり、同館の研究内容を盛り込みながら、生体写真をはじめ豊富な資料をもとにわかりやすくつくってあり、大人でも読んでいて楽しい。続編として『魚のふしぎ』『サンゴのふしぎ』『クラゲのふしぎ』も発刊した。

そのたびにキャラクターも増えているが、『サンゴのふしぎ』のサン子ちゃんや『クラゲのふしぎ』のメデューさんの名前は学名に由来しない。「『サンゴのふしぎ』では主人公にアカサンゴの学名をつけようと思っていたのですが、そ

『ウミガメのふしぎ』でデビューしたカレッ太。頭に付いている白いものは「カメフジツボ」という甲殻類

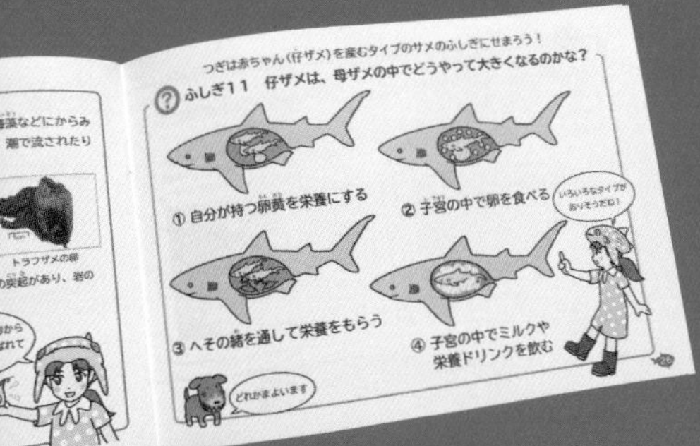

塚原さんは生き物のイラストも担当している

潜水服を着用したリン子どんを館内で発見。コスプレ？

れが変わって名前っぽくなくなってしまったんです」。

また、2021年に出た『ウミガメのふしぎ』では初めて男の子が登場。「ちょうど息子が生まれて」と塚原さん。名前は「カレッ太」で、アカウミガメの学名「*Caretta caretta*（カレッタ カレッタ）」に由来する。

公式ではなく、黙認

塚原さんはこれらの書籍で、キャラクター以外の生き物のイラストも担当している。「せっかく水族館で働いているので、見られる生き物は実際に見て、細部がわからないものは専門の飼育員に教えてもらうなどして描いています」。

リン子どんをはじめ各キャラクターは、沖縄美ら海水族館の方針により公式キャラクターという位置付けではない。ただ塚原さん曰く「黙認されている」とのこと。ならば黙認キャラクターと呼べばいいだろうか。同館を訪れると、展示解説や注意書きなどいろいろなところで会える。

塚原さん本人にも、運が良ければ教育普及のプログラムで出会える。この記事を読んだ方は「リン子どんの塚原さんですね」と声を掛けてみては。

リン子どんが被っているのと同じ帽子！　なんと塚原さんが型紙から自作した。教育プログラムとして紙芝居の上演時などに解説員が被るという。この帽子の商品化を希望！

Part3.

東へ、北へ

「アクアワールド茨城県大洗水族館」の「出会いの海の大水槽」（172ページ）

「栃木県なかがわ水遊園 おもしろ魚館」の熱帯空間（176ページ）

「アクアマリンふくしま」の「北の海の海獣・海鳥」エリア（178ページ）

「上越市立水族博物館 うみがたり」の「うみがたり大水槽」（182 ページ）

 「鶴岡市立加茂水族館」の「クラゲドリームシアター」（186ページ）

「登別マリンパークニクス」のペンギンパレード（192ページ）

「旭川市旭山動物園」の「かば館」（194ページ）

「北の大地の水族館（山の水族館）」の「滝つぼ水槽」（198ページ）

42 「サメ×遊環構造」の立体動線

アクアワールド茨城県大洗水族館

茨城県東茨城郡大洗町／2002年開館
［設計］茨城県、仙田満＋環境デザイン研究所
［施工］清水・日産・武藤・鈴木良JV
［階数］地上7階
［延べ面積］1万9853㎡
［総水量］5114トン

［所在地］茨城県東茨城郡大洗町磯浜町8252-3
［交通］鹿島臨海鉄道大洗鹿島線・大洗駅からバスで約15分、アクアワールド・大洗バス停下車。
もしくは、ひたちなか海浜鉄道・那珂湊駅からバスで約15分、同バス停下車
［公式サイト］https://www.aquaworld-oarai.com/

「サメの海」。サメ水槽の向かい側にはマンボウ水槽も

クラゲ大水槽は先端映像技術との融合

1952年に完成した初代大洗水族館は、竜宮城のような外観の建物だった。1970年、現在とほぼ同じ場所に2代目が完成。これも老朽化し、2002年に3代目となる現在の建物が完成した。地上7階建ての大型水族館だ。

最初のつかみは、入り口のフロア（3階）から下に伸びる「出会いの海の大水槽」。水量1300トンの巨大水槽に、イワシ約1万5000匹が群れをなす。この水槽は大きさもさることながら形が変わっている。2階の通路部分から3次元曲面の水槽を見上げると、イワシの大群がオーロラのようだ。

2020年にリニューアルされたクラゲ大水槽は先端映像技術とのコラボレーション。幻想的なクラゲたちがさらに幻想的に見える。

施設のシンボルマークにもなっているサメは約60種で、サメの飼育種数では日本一。3階の「サメの海1・2」では、階段状の見学スペー

お魚POINT　約60種いるサメの中でも大型のサメであるシロワニは、2021年6月に幼魚を出産した。シロワニの繁殖は日本初、世界でも5館目。開館以来、繁殖行動の研究を続けてきた職員に拍手！

「出会いの海の大水槽」はイワシの大群が圧巻

スに座ってゆったり観察できる。

これぞ仙田満流「遊環構造」

3代目水族館を設計したのは建築家で東京工業大学名誉教授の仙田満氏。仙田氏は子どものための空間設計の第一人者だ。5階のキッズランドには、仙田氏の得意とする立体遊具も設置されており、小さな子どもはここで再びテンションが上がるに違いない。

仙田氏は、公共施設の設計の際に、一貫して「遊環（ゆうかん）構造」を掲げている。「回遊性がある」「その循環が一様ではなく、近道がある」「全体がポーラス（多孔的）な空間で構成されている」などがポイントだ。

ひと筆書きのような動線や、途中で気軽に屋外に出られる空間構成は、まさに遊環構造の成功例といえる。（M）

設計者の仙田満氏が得意とする立体遊具も

途中で気軽に屋外に出られる。海風が心地いい

「アクアワールド茨城県大洗水族館」は、地上7階建て、延べ面積約2万m²の大型水族館だ。開館は2002年。

駐車場のある南側から見た全景

入り口上部の大きなサメの絵で分かるように"サメの水族館"として有名だ。

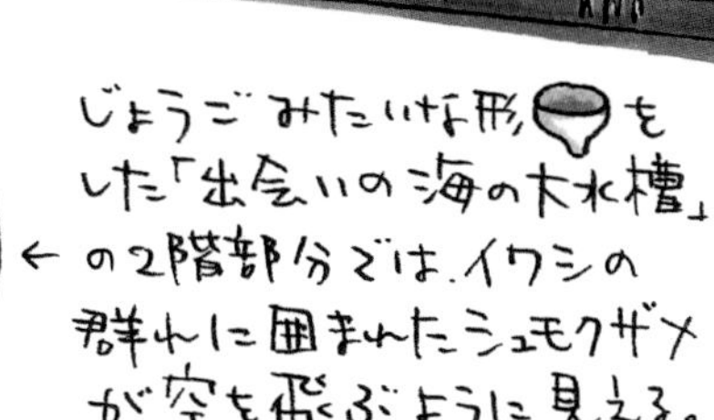

じょうごみたいな形をした「出会いの海の大水槽」の2階部分では、イワシの群れに囲まれたシュモクザメが空を飛ぶように見える。

こんな水槽、よくつくったなぁ

「サメの海」(3階)に向かうエスカレーターでは、真上を大きなサメが横切る。

「サメの飼育種数日本一」に加え、サメの見せ方も唯一無二。

2020年にリニューアルされたクラゲ大水槽「くらげ365」も面白い。

水槽の色がゆっくりと変化していく。幻想的。ずっと見ていたい。

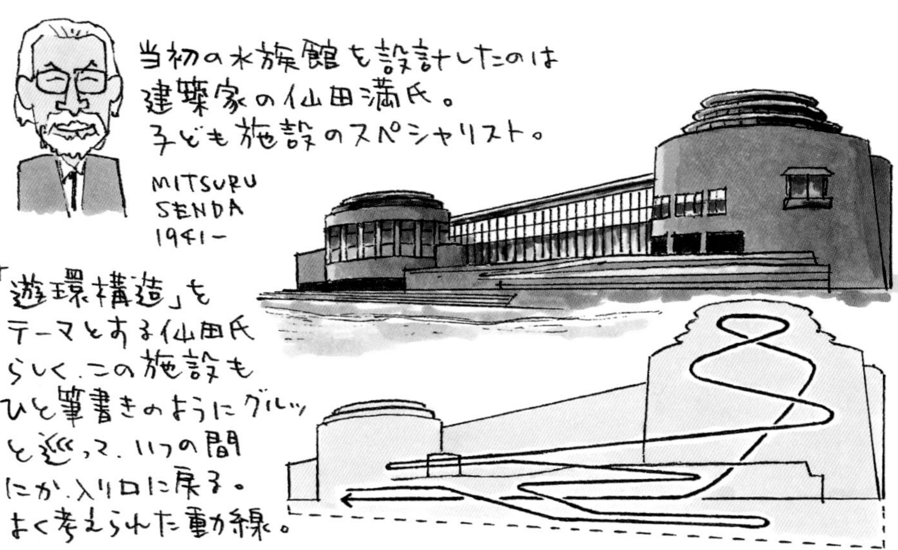

当初の水族館を設計したのは建築家の仙田満氏。子ども施設のスペシャリスト。

「遊環構造」をテーマとする仙田氏らしく、この施設もひと筆書きのようにグルッと巡って、いつの間にか入り口に戻る。よく考えられた動線。

もう1つユニークなのは、"海も展示物"という考え方。←7階の展望テラスのほか、屋外テラスが充実。慌ただしく帰らずに、ゆっくり海風を浴びてリフレッシュしよう!

この景色と海風が一番のぜい沢かも…

43
ハス池に浮かぶガラス屋根の熱帯

栃木県なかがわ水遊園 おもしろ魚館

栃木県大田原市／2001年開館

［設計］古市徹雄建築研究所・佐藤総合計画JV

［施工］間・猪股・青木JV

［階数］地上2階

［延べ面積］5931㎡

［総水量］600トン

［所在地］栃木県大田原市佐良土2686
［交通］JR宇都宮線・西那須野駅からバスで約40分、田宿バス停下車
［公式サイト］https://tnap.jp/

中央の大水槽を貫通する水中トンネル

ガラス屋根で覆われた熱帯雨林展示室

栃木県唯一の水族館で、この規模にしては珍しい淡水魚専門の水族館だ。

中央の大水槽の上に、ダイヤモンドをカットしたようなガラス屋根が架かる。1階の池に面した展示空間を周回し、大水槽の水中トンネルを通り抜けた後、2階に上ってガラス屋根の熱帯空間を見学する。屋上の芝生広場にも出ることができる。入り口から続く空中デッキは、東側の那珂川の土手まで連続する。

水族館を取り巻く池は、建設時に那珂川から水を引き込んでつくった人工池だ。ハスの葉が一面に広がるこの巨大な池が人工であるとは、20年たった今では信じられない。

設計者の古市徹雄氏（1948～2019年）は、丹下健三氏（1913～2005年）の弟子で、丹下氏の海外案件で右腕として活躍した。自然と人工をつなぐ都市的発想は丹下氏譲りともいえる。また、当時の建築デザインの最先端を詰め込んだにぎやかなつくりも古市氏らしい。（M）

アマゾン大水槽ではカピバラの茶々丸も飼育されている。運が良いと、「ピラニアと泳ぐカピバラ」が見られる。「いつ泳ぐの？」という問い合わせが多く、定点カメラで調査したが、結論は「カピバラ次第」とのこと。

"海なし県"だからこその独自性。「栃木県なかがわ水遊園」の「おもしろ魚館」は、まずは広大な人工池と、宝石のようなガラス屋根で心をつかむ。

近くに那珂川が流れているが、この敷地とは高い堤防で分断されていた。そこで上流から水を引き、"池に浮かぶ水族館"に。

設計したのは、故・古市徹雄氏。

TETSUO FURUICHI 1948-2019

こんなに外部だけで満足感のある水族館は珍しい。古市氏らしいサービス精神。

メインの展示は、このガラス屋根空間。通常、水族館では、自然光はタブー視されるが（水槽に反射するため）、ここは「自然の魚も自然な環境で見せる」という潔さ。

だから、水中が→
こんなにキラキラ。
魚がシルエットなのも神秘的でかっこいい！

44

震災に耐えたガラス張りの船

アクアマリンふくしま

福島県いわき市／2000年開館、子ども体験館は2010年完成

［設計］日本設計

［施工］大成・福浜・加地和JV

［階数］地下1階・地上4階

［延べ面積］1万5650㎡

［総水量］3990トン

［所在地］福島県いわき市小名浜辰巳町50
［交通］JR常磐線・泉駅から路線バスでイオンモールいわき小名浜下車、徒歩5分
［公式サイト］https://www.aquamarine.or.jp

福島県いわき市の小名浜2号埠頭にある水族館。2000年に開館した。設計は日本設計。後に東京都市大学教授となった淺石優氏と、現・日本設計社長の篠崎淳氏が設計の中心になった。

遠景は、海面に浮上した透明な潜水艦のよう。コンクリートの本体部分の外側を、曲面を描くガラスのシェルターでぐるっと覆っている。このガラスは「DPG工法」で取り付けられた。これは1990年代～2000年前後に広まった技術で、ガラスの4カ所に穴をあけ、金物で「点支持」（Dot Point Glazing）する方法だ。ガラスの周囲にサッシがないので、透明度が高い。

1階で「海・生命の進化」の展示を見た後、エスカレーターで4階に上り、自然光が降り注ぐ展示を見ながら、スロープで下階に下っていく。序盤の緑の多さは森の中のよう。その先の「北の海の海獣・海鳥」エリアは、ガラス

4階の「ふくしまの川と沿岸」

「北の海の海獣・海鳥」もガラス屋根の下

海獣エリアにいるクラカケアザラシの「くらまる」は、2015年に北海道で保護された。クラカケアザラシは飼育が難しく、2022年4月現在、世界で飼育されているのはくらまるだけ。暑さに弱いため、展示は冬～春限定。

「潮目の大水槽」。三角トンネルをはさんで、右側が黒潮水槽、左側が親潮水槽となっている。写真の右手前側に寿司処「潮目の海」がある

釣った魚をその場で食べられる「釣り体験」も

クラカケアザラシのこんな姿を見られた人はラッキー

屋根の存在を忘れるほどの開放感だ。

メイン水槽である「潮目の大水槽」は総水量2050トン。三角トンネルをはさんで、右側が黒潮水槽、左側が親潮水槽となっている。

震災後も短期間で復旧

2010年に子ども体験館が増築され、釣った魚をその場で食べられる「釣り体験」コーナーなどができた。

翌年の2011年、東日本大震災が発生。この施設も震度6弱の地震と最大高さ約3.3mの津波に見舞われた。それでもコンクリートには大きな損傷はなく、ガラスも数枚割れた程度だった。これは、建設時の地盤対策が奏功したと考えられている。震災後、多くの支援と努力により、4カ月という驚異的に短い期間で再オープンを果たした。(M)

外観のインパクトでは、日本の水族館でナンバーワンだろう。いや、"日本のガラス建築"でナンバーワンのインパクトかも。

水族館好きとしては、ホイストクレーン※が入り口近くに堂々とデザインされているのが萌える。

※P16参照

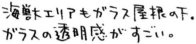

外観から想像がつく通り、序盤はガラス屋根の下の植物園的な展示。

海獣エリアもガラス屋根の下。ガラスの透明感がすごい。

海獣エリアの「クラカケアザラシ」は超レア。

最も大きい水槽は、水量2050トンの「潮目の大水槽」。
4階のガラス屋根の下では、
水槽の上の方しか見えず、
みんな反対側の展示に夢中。

しかし、2階に下りると、ドーン!!
やっぱり主役は大水槽だった。

上部の張り出した部分はエイのお気に入りコースらしく、黒い影がいい感じで横切る。

水中トンネルは、プリズムの中に入ったよう。三角形の頂部は、親潮と黒潮がぶつかる位置を示している。だから「潮目の大水槽」なのか。

この大水槽の真正面には、なんと寿司処「潮目の海」がある。
すごく楽しみにしていたのだが、
営業は土日だけだった。
「回らない寿司」って、
子どもにとって貴重な
体験なのでは?

45 日本海の魅力を大水槽で体感

上越市立水族博物館 うみがたり

新潟県上越市／1934年開館、
現施設は2018年完成

［設計］日本設計

［施工］大成建設・田中産業・高舘組JV

［階数］地上3階

［延べ面積］8439.61㎡

［総水量］3117トン

［所在地］新潟県上越市五智2-15-15
［交通］えちごトキめき鉄道・JR信越本線・北越急行ほくほく線・直江津駅から徒歩約15分
［公式サイト］http://www.umigatari.jp/

日本海と水面が連続するインフィニティ・プール型の大水槽

ペンギン展示エリアのウオークスルーにはガラスなどの隔たりがない

個人経営の水族館が始まりで、1954年に直江津町（当時）に移管されて公立に。6代目となる現在の建物は、日本海沿いの敷地に、2018年に新築された。

最上階の3階のテラスは、大水槽の水面とその向こうに広がる日本海の眺望が一体となる絶景スポットだ。やはり海を借景とするイルカスタジアムも3階にある。

大水槽では、世界にも類を見ないほど急峻な上越沖の海底地形を擬岩で再現。海中を潜るようにスロープを下りていくなかで、水槽内の様々な景色を楽しめる。海底地形の最も深い場所には水中トンネルがあり、その位置は実際に日本海の海底を走る富山深海長谷に合わせている。大水槽も擬岩も3次元ツールを駆使して製作された。

飼育数日本一を誇るマゼランペンギンの展示エリアは2階の屋外にある。ペンギンプールは1階の屋内からも見ることができる。（N）

お魚POINT 上越沖では寒帯域を回遊するサケと温帯域を回遊するブリがどちらも見られるため、大水槽でもサケとブリが混泳している。これは日本の水族館では初めてのことという。

この施設を設計したのは「海響館」や「アクアマリンふくしま」も設計した日本設計である。それらに比べると、ずいぶんサッパリした外観。

P130.
P178.

「守りに入った？」と心配になったが、そうではなかった。ここでの挑戦は、水槽の中。

主役の「うみがたり大水槽」は、序盤の3階で上部が見える。その時点で、「なんか擬岩がすごいぞ」と気づく。

2階に下りると、見学スペースが海底の洞窟のよう。↓

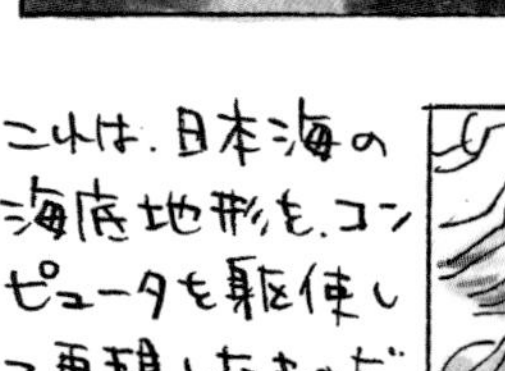

中をのぞくと擬岩の迫力がすごい。

これは、日本海の海底地形を、コンピュータを駆使して再現したものだ。

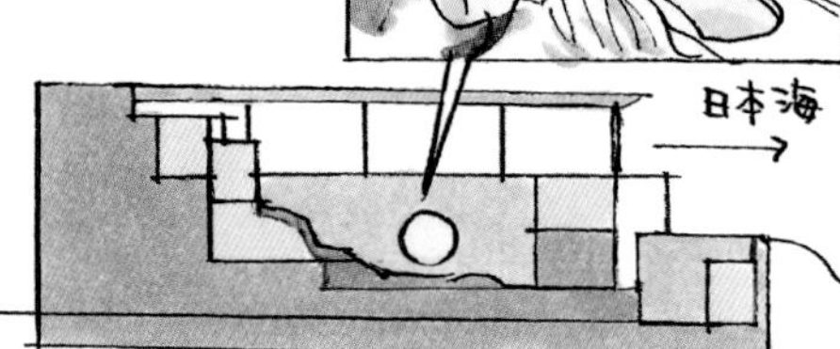

海沿いなので、大水槽の上部やイルカホールは、インフィニティ・プール！

46 歴史を継承しつつ復興で新機軸

仙台うみの杜(もり)水族館

宮城県仙台市宮城野区／2015年開館
［設計］大建設計
［施工］大成・橋本店JV
［規模］地上2階
［延べ面積］9900㎡
［総水量］3000トン

［所在地］宮城県仙台市宮城野区中野4-6
［交通］JR仙石線・中野栄駅から徒歩約15分
［公式サイト］http://www.uminomori.jp/

東日本大震災から4年後の2015年7月に「復興を象徴する水族館」としてオープンした。設計は、水族館の実績が多い大建設計。運営は横浜八景島。イロワケイルカやカリフォルニアアシカなどが80年以上の歴史を持つ「マリンピア松島水族館」（1927年開館、2015年5月閉館）から引き継がれた。

1階は入り口すぐの「マボヤのもり」や、序盤の「干潟」の展示方法がユニークで記憶に残る。続いて、目玉の「いのちきらめく うみ」。幅14m、水深7.5mの大水槽には、屋根がなく、太陽の光が降り注ぐ。2万5000尾のマイワシの群れは2階からも見ることができ、映画館のスクリーンのよう。

2階の「海獣ひろば」は飼育展示室と屋外広場が隣接しており、フンボルトペンギンやオタリア（アシカのなかま）が広場に出て、触れ合えるプログラムも。ジェンツーペンギンの泳ぎの速さにも驚く。（M）

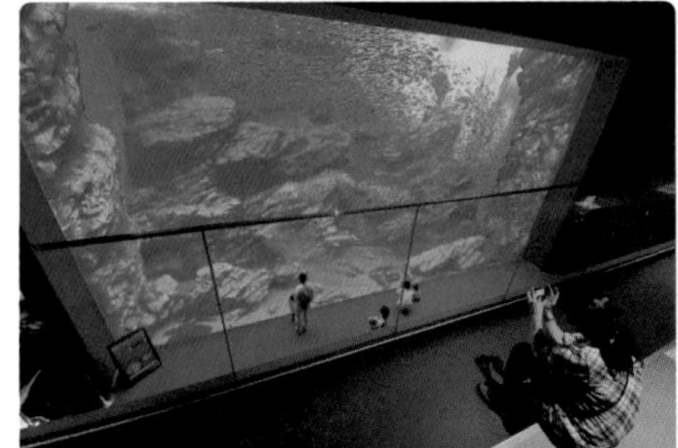

「いのちきらめく うみ」は2階で椅子に座って見ることもできる

1階の「干潟コーナー」は、水槽の穴に入って観察できる

「世界のうみ」にいるイロワケイルカ（別名パンダイルカ）は、マリンピアから引き継がれたセーラ（1991年生まれ）。イロワケイルカはマゼラン海峡などの冷たい海に暮らす。国内では、ここと鳥羽水族館だけが飼育。

東日本大震災（2011年）の津波で被災した地域に、2015年に開館した「仙台うみの杜(もり)水族館」。
復興のシンボルらしい。
白くて清々しい外観。

美術館みたい…

津波避難ビルとしても、機能するという。

施設内には、水族館好きのツボを刺激するものがいくつも。

速っ!!

その1 ペンギン水槽のペンギンが、とんでもない速さで泳ぐ。ビュンビュンと弾丸のよう。これはジェンツーペンギンで、最高時速30km以上。

その2 イロワケイルカ（別名：パンダイルカ）を初めて見た。

空想の生物かと思ってた…

その3 マボヤとサメが浮かぶ天井の水槽。シュールな光景。

ドチザメ
マボヤ（別名：海のパイナップル）
サメ、生きてる？

その4 いろいろな穴から頭を出せる「干潟」の水槽。これは楽しい。

その5 水族館にリス!!
予想しない出会いはうれしい。そうか、「うみの杜(もり)」だから、山もありなのか。

47

クラゲ以外の展示も有機的に連続

鶴岡市立加茂水族館

山形県鶴岡市／1930年開館、現施設は2014年完成

［設計］日本設計

［施工］鶴岡建設・佐藤工務・石庄建設JV

［階数］地上3階

［延べ面積］4003㎡

［総水量］約500トン

［所在地］山形県鶴岡市今泉字大久保657-1
［交通］JR鶴岡駅から湯野浜温泉行き（加茂経由）の路線バスで約40分
［公式サイト］https://kamo-kurage.jp/

地元有志からなる組合が1930年に水族館を開館したのが始まり。長い歴史においては経営母体がたびたび変わり、入館者数の低迷などにより倒産の危機を迎えたこともあった。

偶然から始まったクラゲの展示は、世界一の規模の種類数を誇る。2014年に完成した現在の建物は、波間に漂うクラゲをイメージした曲面形態の外観だ。内部はひと筆書き状の動線となるように、展示スペースがスロープでつながっている。また、ひれあし類のステージが中庭に設けられており、1階の客席以外に2階のテラスや、屋上の芝生広場へと続くスロープからも見られ、有機的な構成だ。

同館が力を入れるクラゲの展示エリアは順路としては後半。黒い床壁天井で、水槽の形や大きさがある程度揃っているため、クラゲの種類による違いが際立って見やすい。そして直径5mの大型水槽がクラゲ展示のクライマックスとなる。（N）

直径5mの大型クラゲ水槽「クラゲドリームシアター」。これの手前はイベントスペースを兼ねる

中庭ではテラスやスロープからも、ひれあし類の解説を見ることができる

直径5mの大型クラゲ水槽では約1万匹のミズクラゲが浮遊している。旧館水槽の水流計測結果をもとにCFD解析モデルを構築し、大型水槽でもクラゲが美しく浮遊する水流を実現したという。

「クラゲドリーム館」という愛称から
クラゲ専門の水族館を想像してしまうが、実際は魚類はもちろん
アザラシやアシカもいる
総合型の水族館だ。

ロゴマークの山の部分、私には海獣の口元に見える。(正解はクラゲの胃腔とのこと)

でも、やっぱり"推し"はクラゲ。約60種を展示。

中でも目玉は、この「クラゲドリームシアター」。直径5m、水量40トンの円形縦型水槽に、1万匹のミズクラゲが舞う。

クラゲの水槽はなぜ円形が多いのだろうと思っていたのだが、ここの「クラゲ研究所」の説明を見て、理由がわかった。

鶴岡クラゲ研究所

加茂式水槽

クラゲは泳ぐのがうまくないので、水流をつくりやすくするため、水槽は円形に。
クラゲの傘に空気が入ると穴があいてしまうので、水槽に空気が入るのを防ぐ。
スポンジフィルター
穴のあいた仕切り板をつけて水だけを通し、クラゲが通り抜けないようにする。

最近、いろいろな水族館で見るこの飼育水槽は、何と、ここの現館長が考案したものだった。

設計図を無償で公開しており、全国の水族館で使われるようになったという。クラゲ関係者は足を向けて寝られない!

48

ホッキョクグマの飼育展示に注力

男鹿水族館GAO

秋田県男鹿市／2004年開館
［設計］大建設計
［施工］清水・大木・日本海・加藤JV
［階数］地下1階・地上3階
［延べ面積］8959㎡
［総水量］1423トン

［所在地］秋田県男鹿市戸賀塩浜
［交通］JR男鹿駅からあいのりタクシー・なまはげシャトルで45分～1時間、または JR羽立駅から路線バス・男鹿北線で約1時間
［公式サイト］https://www.gao-aqua.jp/

「男鹿の海大水槽」が真っ先に来館者を迎える。この水槽を泳ぐ生き物たちを見ながら一周して2階へ。秋田の森と川の魚を紹介するコーナーは、建物の開口部のガラス越しに生き物を観察する屋外水槽になっている。

人気のホッキョクグマの展示場は2カ所に分かれ、合わせて計500㎡。順路に従うと初めに行き着く「ホッキョクグマ広場」は、3階から下っていくスロープや、その途中にある屋外テラスから見下ろす格好だ。スロープを下りた先の2階では、「ホッキョクグマ水槽」にいるクマと目の高さで会える。2階の一角には「ホッキョクグマ広場」をより近くで見るための観察室も設けられている。

アザラシとアシカを展示する「ひれあし's館」では水槽を上からのぞく他に、泳ぐ姿を間近で観察できる「水中観覧スペース」も。アシカの方は観覧席を備えている。（N）

大水槽の大きさは幅15m、奥行き9.5m、深さ8m。アクリルは9枚重ねで厚さ49cm

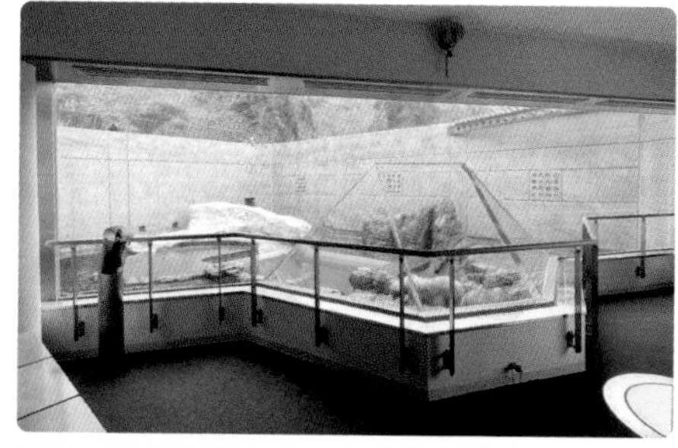

2階の一角に設けられた「ホッキョクグマ観察室」

秋田県の県魚であるハタハタの展示に特化した「ハタハタ博物館」。その生態を沿岸と深海の2つの水槽で見せるほか、ハタハタと塩を原料とするしょっつる（魚醤）など秋田に根づく食文化やハタハタ漁の歴史の紹介も。

9

歴史あるイルカプールとトンネル

青森県営浅虫水族館

青森県青森市／1983年開館
［設計］環境設計事務所
［施工］鹿島建設
［階数］地下1階・地上2階
［延べ面積］8813.11㎡
［総水量］2098トン

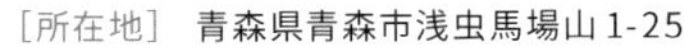

［所在地］青森県青森市浅虫馬場山1-25
［交通］青い森鉄道・浅虫温泉駅から徒歩10分
［公式サイト］http://asamushi-aqua.com/

前身となる施設は、1924年に完成した東北帝国大学の浅虫臨海実験所。これは研究を行う実験室と別に水族館を建て、一般来訪者が見学できる先駆的な施設だった。現在の青森県営浅虫水族館となったのは1983年。

トンネル水槽がある「むつ湾の海」では、ホタテの養殖の様子や陸奥湾に生息する生物を展示。トンネル水槽は、日本初となった魚津水族館（1981年完成）の2年後に完成した。長さは15mあり、魚津水族館よりも長い。

人気のイルカパフォーマンスは、屋内プールで通年開催。津軽三味線やねぶた囃子をイメージした音楽に合わせたイルカたちのパフォーマンスは青森ならでは。この屋内プールは、劇場建築で言うところの「プロセニアム形式」で、パフォーマンスの開始とともに幕が左右に開き、終わると閉じる。これは水族館のショーでは極めて珍しい。（M）

がっしりしたつくりのトンネル水槽

珍しい「プロセニアム形式」のイルカプール

ホタテは青森県の全漁獲量の約半分を占める重要な水産資源。しかし地球温暖化が今のペースで進むと、2100年にはむつ湾でホタテを養殖できなくなるといわれている。トンネル水槽をSDGsについて考えるきっかけに。

50

「海直結」のおおらかさを満喫

おたる水族館

北海道小樽市／1959年、現本館は1974年完成

［設計］前田建設工業※、石田建築設計事務所※

（※は本館、以下も同じ）

［施工］前田建設工業※

［規模］地下1階、地上2階※

［延べ面積］5682㎡※

［総水量］約3500トン

（ろ過槽、予備水槽、海獣公園の海とつながったプールを除く）

［所在地］北海道小樽市祝津3-303
［交通］JR小樽駅からバスで約25分
［公式サイト］https://otaru-aq.jp/

1959年に開館した「小樽市立水族館」を前身とし、1974年に第三セクター小樽水族館公社による経営に移行して現施設となった。有名なのは、屋内の展示よりも「海獣公園」という屋外エリア。海を仕切っただけの豪快なプールでアザラシやトドを飼育し、夏季のみ公開されるショーが人気を呼んでいる。

海獣公園のショーは、セイウチ、アザラシ、ペンギン、トドがそれぞれ10分ずつ、場所を隣に移しながら行われる。ペンギンショーは、ペンギンたちがたまにエサにつられて指示に従うものの、ほとんど芸をしない姿が憎めなくて面白い。

本館では、2007年に設置されたコツメカワウソの水槽が斬新。メイン水槽とサブ水槽が空中トンネルと水中トンネルで連結されている。つまり、天井と床下でループ状につながっている。これはファンの間では「コツメブリッジ」とも呼ばれている。（M）

「海獣公園」のペンギンショー。芸をしないペンギンたちが笑いを誘う

本館のコツメカワウソの水槽。通称「コツメブリッジ」

お魚POINT

近年、大人気のコツメカワウソは、カワウソの仲間で最小。乱獲の影響もあり、絶滅危惧種に分類されている。ちなみに、おたる水族館限定のビールのラベルはコツメカワウソ。ペットとして買うより、見に行って楽しもう。

前身の「小樽市立水族館」は、1959年開館。
第三セクターの運営で現在の建物（1974年完成）になってからも50年近くがたつ。
歴史が古い水族館は「おおらかさ」と「意外性」を楽しみたい。

本館と「海獣公園」がかなり離れており、本館を見た後、海岸に至る斜面をゆったりお散歩。

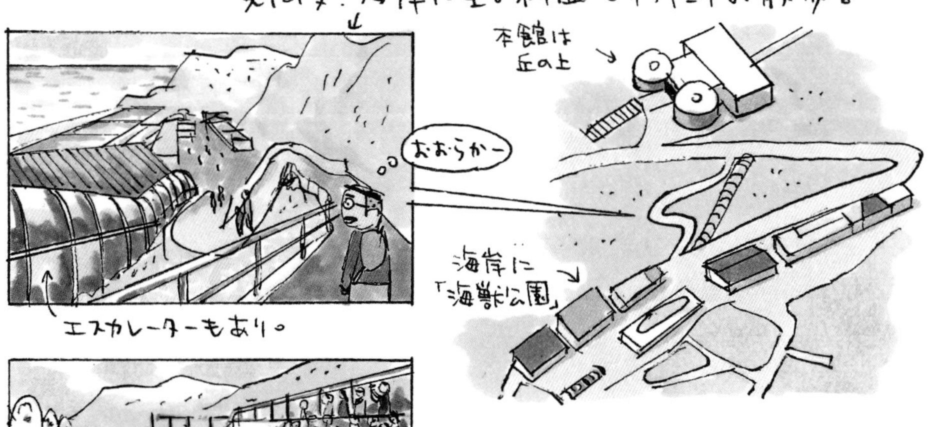

おおらかー

ショーは、立ち見が基本。だから、広さも時間もコンパクト。

本館では、こんなアイデア展示もあった。2007年に設置されたコツメカワウソのコーナーだ。

メイン水槽とサブ水槽を、床と天井のトンネルでつなぎ、ループ状に。

ずっと待っていたら、本当に通った。滅多に通らないツンデレ感がいとおしい。

51

異国の景色の中で記憶に刻む

登別マリンパークニクス

北海道登別市／1990年開館
［設計］清水不動産
［施工］清水建設
［階数］地上4階
［延べ面積］1万576㎡
［総水量］約2600トン（施設全体）

［所在地］北海道登別市登別東町1-22
［交通］JR登別駅から徒歩約5分
［公式サイト］https://www.nixe.co.jp

登別市と清水不動産（清水建設のグループ会社）を中心とする第三セクターが建設し、1990年に開館した。現在は「ルスツリゾート」や「のぼりべつクマ牧場」などを運営する加森観光グループの運営となっている。

中心施設の「ニクス城」は、デンマークに実在する「イーエスコー城」をモデルにつくられた。導入部のエスカレーターは、左右にある300トンの寒流水槽と620トンの暖流水槽を見下ろしながら、4階に上る。

後半では、2つに水槽の下部にそれぞれ水中トンネルを設置。寒流水槽のトンネルでは北海道周辺の冷たい水温の中で暮らす魚たちが、暖流水槽のトンネルではサメやエイがゆうゆうと泳ぐ。サメは全長2m以上ある「シロワニ」で大迫力。シマアジの大群も見られる。

ニクス城の正面、「ニクス広場」で1日2回行われるペンギンパレードも人気。広場の一角には「アザラシリングプール」も。（M）

シマアジの大群も泳ぐ暖流水槽のトンネル

ペンギンパレード。飼育員による説明タイム

ペンギンパレードで猛ダッシュを見せるのは、ジェンツーペンギン。水中では時速30kmで泳ぎ、ペンギン界最速。好奇心が旺盛なので、パレードでもやる気満々。ペンギンの中で唯一、足が黄色なので、足で見分けよう。

いろいろな意味でエッジの立った水族館だ。人に話したくなる。

メインの建物は、池に立つ「ニクス城」。デンマークに実在するイーエスコー城の外観も完コピしたものだという。長崎にオランダ、登別にデンマーク……。50代以上にはバブル期の甘ずっぱい記憶がフラッシュバックする？

外観同様、見せ方もテーマパーク的だ。まずは導入部のエスカレーターで見学者の心をつかむ。

2段階に折れたエスカレーターの下は、サメが泳ぐ水槽。

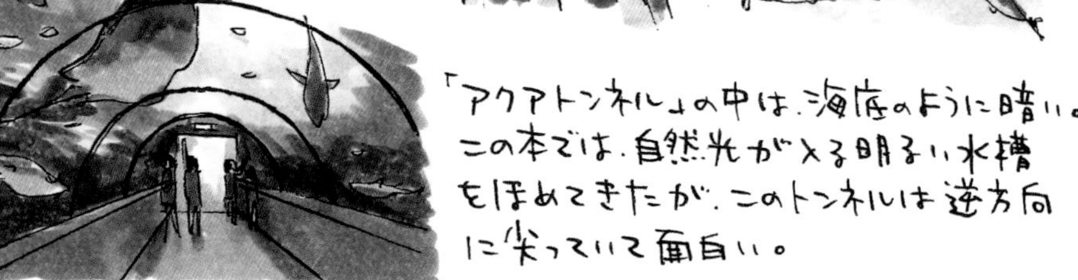

「アクアトンネル」の中は、海底のように暗い。この本では、自然光が入る明るい水槽をほめてきたが、このトンネルは逆方向に尖っていて面白い。

屋外のイベント広場の使い方もテーマパーク的。固定の客席もつくらず、パレードや大道芸のように見せる。

いろんなペンギン散歩も見たけれど、ここのパレードが一番楽しかった！

52 ペンギンだけでなくカバも飛ぶ

旭川市旭山動物園

北海道旭川市／1967年開館、
ぺんぎん館（右の写真）は2000年完成

［設計］アイエイ・三和JV※（※はぺんぎん館、以下も同じ）

［施工］川島・谷脇JV※、
国策・道北振興JV※、畠山・永興JV※

［規模］地下1階、地上1階※

［延べ面積］631㎡※

［総水量］不詳

［所在地］北海道旭川市東旭川町倉沼
［交通］JR旭川駅からバスで約40分
［公式サイト］https://www.city.asahikawa.hokkaido.jp/asahiyamazoo/

旭川市旭山動物園は“日本最北の動物園”として1967年にオープンした。90年代半ばには閉園もうわさされたが、様々なアイデア展示を導入し、V字回復したことで知られる。

水族館の水生生物の展示手法にも、大きな影響を与えている。注目を浴びるきっかけになったのは、2000年に完成した「ぺんぎん館」だ。国内の水族館では、1981年に完成した魚津水族館（98ページ）を先駆けとしてアクリル製の水中トンネルが広まっていた。トンネル自体は珍しくなかったが、旭山ではこれを鳥類であるペンギンの水槽に取り入れた。青空を背に羽を広げて舞う姿は「空飛ぶペンギン」と話題となり、後に映画にもなった。

V字回復の第一歩となった「もうじゅう館」（1998年）を含め、同園のリニューアルは、現・園長の坂東元氏が中心となって進めてきた。坂東氏はもともと獣医で、生物が「観客のいない場所」で見せる魅力的な姿をよく知っていた。そうした生物本来の行動や能力を見学者に伝える展示手法は、「行動展示」と呼ばれ、水族館の展示にも学ぶ点が多い。

アザラシもカバもよく動く

今や、アザラシを展示する際の“定番”ともなった円柱水槽も旭山が発祥だ。類似例が増えているものの、ここの「マリンウェイ」は、不思議なくらいアザラシがよく通る。やはり、アザラシの癖を知っているからこその設計なのだろう。

2013年に完成した「かば館」も旭山らしい。カバを水中から見るという単純なものだが、水中のカバは全くじっとしていない。サーカスのように華麗に水中を舞う。水族館の水槽のように水が透明でないのも、かえって迫力がある。

お魚POINT　カバは本来、水中では水底を歩く。かば館の一番深い水底まではスロープではなく、潜らなければならない構造になっている。このため、カバたちは舞うように地面を蹴ってジャンプする。行動展示を越えた潜在能力展示？

ぺんぎん館の水中トンネル。飼育しているのは、キングペンギン、ジェンツーペンギン、フンボルトペンギン、イワトビペンギンの4種類。冬季にはペンギンの散歩が人気

ぺんぎん館。屋内の見学路から水槽の側面を見る

かば館の屋内エリア

あざらし館のマリンウェイ

水中のカバの身軽さに驚く

旭山動物園は「水族館」ではない。けれども全国の水族館に多大な影響を与えている。その代表が、あざらし館（2004年完成）の「マリンウェイ」だろう。

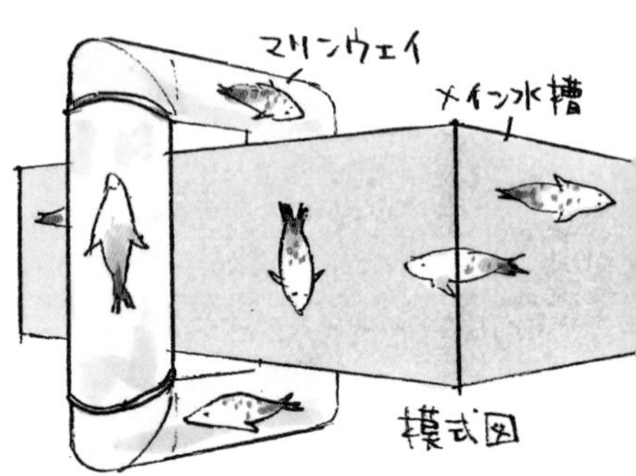

アザラシがアクリルの円柱の中をぐるぐる回る。今では類似の展示が増えているが、ここのアザラシは不思議なくらい円柱に顔を出す。

ぺんぎん館（2000年完成）の水中トンネルは、映画『旭山動物園物語 ペンギンが空を飛ぶ』（2009年公開）のモデルになった。

敷地の傾斜を生かして下から、裏から、表から、とスムーズに見学者を移動させる動線計画がうまい。

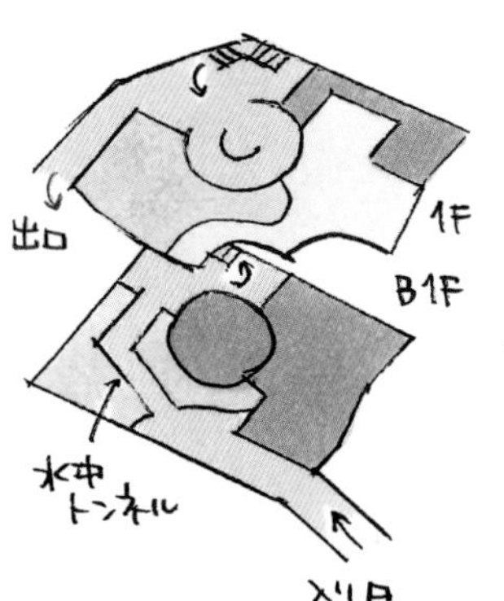

敷地の傾斜は生物の展示にはむしろメリットである──それを発見したことも大きな功績だ。

知っている人は知っていると思うが、旭山動物園は閉園がささやかれる状態だった。それをさまざまなアイデア展示によってV字回復させたのが、現園長の坂東元さんだ。坂東さんはもともとは獣医。やっぱり動物の生態を知っているって強い。

園長

← アイデアマンの坂東園長。以前に取材しました。

(人)
300万
あざらし館
ペンギン館
1980 1990 2000 2010
(年)

ちなみに、旭山動物園の「理念」は、これ。→

伝えるのは、命。

そんな旭山らしい、と感心するのが2013年に完成した「かば館」だ。

ここでもカバの水槽が横から、下から、と多方向から見える。

← びっくりするのは、水中のカバの動きが軽やかなこと。舞い飛ぶワラや、フンの動きも含めて、想像外の動的な展示だっ

水中を見た後に、陸上に上がったカバを見ると、別の生物のように重い…。「伝えるのは命」―伝わってきます。

53 「超ビンボー」の逆境を生かす

北の大地の水族館（山の水族館）

北海道北見市／1978年開館、現施設は2012年完成

［設計］都市計・エヌケー・ワイズJV

［施工］松谷・三九・井上

［規模］地上1階

［延べ面積］625㎡

［総水量］120トン

［所在地］北海道北見市留辺蘂町松山1-4
［交通］JR留辺蘂駅から道の駅おんねゆ温泉行きバス約20分
［公式サイト］https://onneyu-aq.com/

場所は北海道北見市の温根湯（おんねゆ）温泉。1978年、温泉を利用して淡水魚を展示する「山の水族館・郷土館」としてオープンしたが、集客減が続き、2012年に新たなコンセプトで新築オープンした。刷新計画の作成には、「サンシャイン水族館」などにも関わる水族館プロデューサーの中村元氏が参加した。

リニューアル後も「超ビンボー水族館」を自称するが、施設は個性的で見応えあり。まず、施設がカラマツ材を使った木造。これは水族館では極めて珍しい。入り口を入ると、すぐにあるのが「滝つぼ水槽」。上から水が落ちる水槽に泳ぐ魚を下から見上げる。

「滝つぼ水槽」。オショロコマやヤマメなどサケマスの仲間が泳ぐ

地味ながら見入ってしまうのが、「北の大地の四季」。屋根のない屋外の水槽に泳ぐ魚を室内から見る。冬には水面が凍るという。

それぞれを「日本初」「世界初」と位置付けてアピールする情報発信もうまい。小さな水族館の尖り方として学ぶ点が多い。（M）

「北の大地の四季」。屋外の水槽は、冬には水面が凍る

国内では北海道の一部にしか生息していない「イトウ」の展示も見どころ。日本最大の淡水魚であるイトウの中でも最大級の大きさである1m級のイトウが約20匹飼育されている。これは「日本最多の飼育数」という。

本書で最も北にある水族館である。
規模は、最小クラス。
それでも「日本初」「世界初」がある
と聞くと、見ないわけにはいかない。

"日本初"は、この「生命
がきらめく滝つぼ」だ。
オーバーハングした水槽の
張り出した部分に、水が
ざぶざぶ落ちる。

魚はそれを嫌がるどころか、そこに群
がっている。これは魚にとって滝つぼが
「上流からエサが落ちてくる場所」だから。
へーっ。

"世界初"は、この「北の大地
の四季」。屋外の池（館では
「川」と呼ぶ）の断面を室内
から見せる展示は珍しい。
豊富な湧き水が使えるから
こそできること。でも"世界初"
はちょっと大げさでは……

と思ったのだが、後で調べたら
この水槽の真価は「冬」だった。
世界初は、「川が凍る」こと！
真冬の写真を見ると水面に厚い
氷が…。冬にも来たくなる！

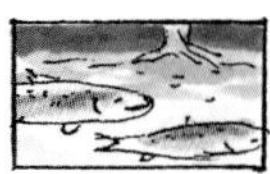

"初"ではないけれど、
イトウも滅多に見られない。

おわりに

水族館は「お子様建築」にあらず

「建築の面白さを専門家だけでなく一般の人にも伝えたい」。それが筆者のライフワークだ。だから、人が「建築」の面白さと出会うのはどういう場面なのかを常に考えている（筆者のプロフィルは右ページ参照）。

「はじめに」にも書いたが、今回、水族館を取り上げた理由は、水族館が「大人も子どもも楽しめる数少ない建築」だからだ。実はもう１つ理由があって、水族館という建築タイプが“建築の専門家”の間で正当に評価されていないように感じるからである。

「はじめに」で「日本の水族館には名建築が多い」と書いた。これは筆者の主観だ。客観的にはそうは見られていない気がする。例えば、建築界で最も権威ある賞といってよい「日本建築学会賞作品賞」は、その70年以上の歴史の中で、一度も水族館に賞を与えていない。美術館、博物館、図書館はゴロゴロあるのに、だ。筆者にはどうしても、水族館が専門家の間で「お子様向けの建築」と軽視されているように思えてならない。

子どもも読める「建築」の本がつくりたい、というのが本書の第一目標だ。そして、秘めた第二の目標は、建築の専門家たちに「水族館という建築タイプの重要性や可能性に気づいてもらうこと」だった。自分でも思うが、おそろしく広いレンジでこの本を読んでもらおうと考えてつくった。

特にイラストについては、専門的な視点の情報を、子どもでもわかる表現で描くことに努めた。伝える情報のレベルを下げてはいない。「お子様向けの本でしょ」とは言われたくないのである。子どもたちにも最先端を知ってほしい。

本書は、そんな筆者の思いに共感してくれた大成建設の多大なる協力によって実現した。少なくとも冒頭の「プロに聞きました！ 水族館の仕組みと工夫20」は、大成建設の皆さんのサポートによって、「専門的な視点の情報を子どもでもわかる表現で描く」という目標が達成できたのではないかと思う。本当に感謝、感謝である。

実は、こんなにたくさん水族館を巡って自分でも驚いたことがある。設計には縁がないと思っていた自分でも、水族館が設計できそうな気がしてくるのだ。もちろん図面は引けないのだが、「生物をダイナミックに見せる他の方法が思い浮かぶ」ようになる。筆者ですらそうなのだから、プロの方々は水族館以外にも使えるアイデアが湯水のように沸くことだろう。ぜひ本書を手に、水族館巡りへと出かけてみてほしい。改めて言う。「水族館は面白い」。

2022年7月　宮沢 洋

宮沢 洋（みやざわひろし）

画文家、編集者、BUNGA NET 代表兼編集長。1967 年東京生まれ。1990 年早稲田大学政治経済学部政治学科卒業、日経 BP 社入社。日経アーキテクチュア編集部に配属。2016 年～ 19 年まで日経アーキテクチュア編集長。2020 年 2 月に独立。2020 年 4 月から磯達雄と Office Bunga を共同主宰。2021 年 5 月、株式会社ブンガネット（BUNGA NET Inc.）を設立。著書に『隈研吾建築図鑑』『誰も知らない日建設計』『建築巡礼』シリーズ（磯達雄との共著）など。「BUNGA NET」（https://bunganet.tokyo/）で一般の人にもわかる建築情報を発信中

長井美暁（ながいみあき）

編集者、ライター。日本女子大学家政学部住居学科卒業。インテリアの専門誌『室内』編集部（工作社発行）を経て、2006 年よりフリーランス。建築・住宅・インテリアデザインの分野で編集・執筆を行っている。2020 年 4 月より Office Bunga に参画。編集を手掛けた書籍に『堀部安嗣作品集：1994-2014 全建築と設計図集』、『建築を気持ちで考える』（堀部安嗣著）など

磯 達雄（いそたつお）

建築ジャーナリスト。1963 年生まれ。1988 年名古屋大学卒業。1988 ～ 1999 年日経アーキテクチュア編集部勤務後、2000年独立。2002年～ 20 年 3 月フリックスタジオ共同主宰。2020 年 4 月から宮沢洋と Office Bunga を共同主宰。2001年～桑沢デザイン研究所非常勤講師。2008 年～武蔵野美術大学非常勤講師。著書に『昭和モダン建築巡礼』、『ポストモダン建築巡礼』、『菊竹清訓巡礼』、『日本遺産巡礼』（いずれも宮沢洋との共著）など

水族館スタンプ 集印帳

水族館の中には、オリジナルのスタンプを用意しているところが多い。
スタンプを見つけたらこのページに押して、旅の記念に。

OTARU
AQUARIUM
Hello!!
My name is
OTARIA
NOBORI
MARINE

WELCOME TO
AWA SEA WORLD
串本海中公園
くじらの博物館
Suma Aqualife Park KOBE
あ
ら

スタンプを
押してね。

施設名50音索引

あ

青森県営浅虫水族館 189
アクアマリンふくしま 178
AQUARIUM × ART átoa 122
アクアワールド茨城県大洗水族館 172
旭川市旭山動物園 194
足摺海底館 140
足摺海洋館 SATOUMI 142
いおワールドかごしま水族館 152
伊豆・三津シーパラダイス 86
魚津水族館 98
越前松島水族館 100
大分マリーンパレス水族館「うみたまご」 151
男鹿水族館 GAO 188
沖縄美ら海水族館 154
おたる水族館 190

か

海遊館 116
葛西臨海水族園 52
鴨川シーワールド 56
北の大地の水族館(山の水族館) 198
城崎マリンワールド 112
京都水族館 108
串本海中公園 水族館 121
九十九島水族館海きらら 148
神戸市立須磨海浜水族園 126

さ

相模川ふれあい科学館アクアリウムさがみはら 66
サンシャイン水族館 46
四国水族館 134
しながわ水族館 60
島根県立しまね海洋館アクアス 128
下関市立しものせき水族館 海響館 130
上越市立水族博物館 うみがたり 182
新江ノ島水族館 62
すみだ水族館 50
世界淡水魚園水族館 アクア・トト ぎふ 101
仙台うみの杜水族館 184

た

太地町立くじらの博物館
海洋水族館マリナリュウム 120
鶴岡市立加茂水族館 186
DMM かりゆし水族館 158
東海大学海洋科学博物館 88
栃木県なかがわ水遊園おもしろ魚館 176
鳥羽水族館 106

な

長崎ペンギン水族館 150
名古屋港水族館 102
のとじま水族館 99
登別マリンパークニクス 192

は

箱根園水族館 67
ほたるいかミュージアム 96

ま

マクセル アクアパーク品川 58
マリンワールド海の中道 144
みやじマリン 宮島水族館 127
むろと廃校水族館 138

や

山梨県立富士湧水の里水族館 92
横浜・八景島シーパラダイス 61

設計者別索引

あ

アーキテクチャー・ファクトリー 96
アイエイ研究所 194
石田建築設計事務所 190
磯崎新アトリエ 144

か

川崎重工業 140
環境開発研究所 116
環境設計事務所 60, 98, 189
喜治繁次 120
9&9設計 138
国建 154
京福コミュニティサービス 100
ケンブリッジ・セブン・アソシエイツ 116
コジマ環境設計 100
小西忠徳設計事務所（現・三省設計事務所） 150

さ

佐藤総合計画 176
サンキコンサルタンツ 99
清水不動産 192
清家清（デザインシステム） 61, 86
仙田満＋環境デザイン研究所 66, 172
艸建築工房 142

た

大建設計 58, 102, 120, 121, 126, 127, 142, 152, 158, 184, 188
大成建設 46, 50, 58, 62, 106, 108, 122, 134, 144
田岡陽一建築工房 112
谷口建築設計研究所 52
デザインシステム（清家清） 61, 86
東洋設計事務所 108
トライポッド・アーキテクツ 92

な

日建設計 56, 62, 128, 144, 151
日本設計 60, 130, 178, 182, 186
乃村工藝社 67

は

古市徹雄建築研究所 148, 176

ま

前田建設工業 190
三島設計 144
三菱地所設計 46

や

安井建築設計事務所 101
山田守建築事務所 88

※発注者や事業者の立場で設計に関わった組織や、JVなどで正式社名が確認できなかった組織は割愛した。また、「環境設計事務所」は3件とも同一の設計者であるか確認できなかった。

編集協力： 大成建設 TAISEI
For a Lively World

「イラストで読む建築　日本の水族館五十三次」ワーキングメンバー

中山史一　設計本部設計戦略部設計担当部長

内藤嘉一　設計本部設計戦略部シニアアーキテクト

高橋秀秋　設計本部建築設計第三部室長

渕 清和　設計本部建築設計第三部シニアアーキテクト

水谷太朗　設計本部プリンシパルエンジニア

斧田浩一　設計本部設備設計第二部シニアエンジニア

竹内正信　ソリューション営業本部事業化コンサルティング部部長（ホテル・観光交流計画担当）

小菅 智　エンジニアリング本部産業施設プロジェクト部水族館プロジェクト室長

デザイン　中島雄太（YUTA Design Studio）

制作管理　鎌田恵理子、楠田博子（青幻舎）

イラストで読む建築

日本の水族館 五十三次

発行日　2022年7月28日 初版発行

2024年10月29日 第3刷発行

編著者　宮沢洋　Office Bunga

企画取材　長井美暁、磯達雄（Office Bunga）

発行者　片山誠

発行所　株式会社青幻舎

京都市中京区梅忠町9-1　〒604-8136

TEL. 075-252-6766　FAX. 075-252-6770

https://www.seigensha.com

印刷・製本　株式会社山田写真製版所

ISBN978-4-86152-894-1 C0052

※掲載している情報は、2022年6月時点のものです。